Tournament Scheduling
The Easy Way

Paul H. Gunsten

 Hunter Textbooks Inc.

Hunter Textbooks Inc.

823 Reynolda Road
Winston-Salem, North Carolina 27104

TABLE OF CONTENTS

PREFACE

As a director of intramurals for the past twenty-seven years, I have received a multitude of requests for assistance in drawing up tournaments. As a result of these requests and because of some personal feelings, this book was written to fulfill a need of individuals providing recreation programs for our society.

INTRODUCTION

The conduct of any tournament requires a great deal of planning to insure that it is impartially organized according to available time and facilities. A careful study of these factors will aid in setting up a tournament that will provide for keen competition, as true a winner as possible and maximum participation.

The most common types of tournaments used by tournament directors are single elimination, double elimination and round robin. Determining the type of tournament to conduct is based on:

1. Facilities available
2. Time Limits
3. Anticipated (or actual number of entries
   Once these factors are known, selection of the type of tournament to use can be made.

This book is designed as an aid to simplify setting up single elimination, double elimination and round robin tournaments. With the "Quick Reference Table" included in this book, a tournament director can determine the number of games and rounds it will take to complete a tournament and select one commensurate with the facilities, time and anticipated (or actual) number of entries. Once the type of tournament is determined the director can refer to the tournament as it is set up on pages 17 to 81 and readily schedule the tournament.

GLOSSARY OF TERMS

Single Elimination Tournament

In this type of tournament the participants compete until they lose once. It is adaptable for a large number of participants, especially when the availability of time and space is limited. A participant is eliminated each time a game is played or, in other words, the number of participants is reduced 50% in each round. There are certain objectionable factors to this type of tournament, namely:
1. The winner is not always the best player or team, since it does not provide for an "off" (or bad) day.
2. Participation is minimal due to single elimination factor.
3. Very careful consideration must be given when placing seeded participants to prevent early elimination through playing other seeded players in the early rounds.

Double Elimination Tournament

This type of tournament is set up to provide an opportunity for a second chance in a tournament for participants that lose their first match. A single elimination tournament is scheduled first and then a consolation (or losers') bracket is scheduled. A participant must lose two matches to be eliminated. The winner of the consolation (or losers') bracket meets the winner of the winners' bracket for the championship. If the winner of the losers' bracket defeats the winner of the winners' bracket, another match must be played to determine the champion since this would be the first loss for the winner of the winners' bracket.

A double elimination tournament is most effective when used with 4 to 16 participants. Anything over 16 participants becomes complicated, difficult to set up and participants may become confused in following the tournament to its completion.

There is an objectionable factor in this type of tournament, in that some participants play a great number of matches while others play only two. However, it does provide a participant that has an "off" day with the second opportunity to advance to the finals, as well as an opportunity for an overmatched participant to meet other losing participants.

Round Robin Tournament

A round robin tournament is a tournament in which each participant plays against every other participant and the winner is determined by won and lost records. The participant with the best won-lost record or percentage is declared the winner. This type of tournament provides for the truest winner by nature of the tournament.

Objectionable factors of a round robin tournament are the amount of time and facilities it takes to complete the tournament. In comparison, if there are 8 entries, a single elimination tournament takes 7 matches to complete the tournament, a double elimination tournament takes 14 to 15 matches to complete and a round robin tournament would take 28 matches to complete.

There is always the possibility of ties where two or more participants have identical won-lost records. The tournament director must allow for this and predetermine the method to be used to break ties. One of the following methods can be used:
1. Play off ties if time permits
2. If two participants are tied determine the winner by which participant defeated the other in regular season play
3. Declare co-champions
4. Determine winner by total points scored during regular season play
5. Determine winner by difference between total points scored by and against the tied participants with the participant with the most points being the winner.

The best method is to play off ties if time permits. By using the points scored method or difference between points scored by and against, you are encouraging participants to run up scores and discouraging substitutions which enhance participation.

Participant

Participant is used in this book to denote an individual, individuals, team or teams, in drawing up tournaments.

Playing Area

A playing area is a court, field or any area used in the conduct of a tournament.

Seeding

Seeding is the placement of superior participants in different brackets of a tournament so they won't meet in the early rounds, particularly in the first round, thus eliminating superior participants in the early rounds of the tournament.

Superior participants are seeded in numerical order according to ability and/or past performance.

Example:

>Superior participant — 1st seed
>2nd superior participant — 2nd seed
>3rd superior participant — 3rd seed

It is suggested that the following plan, for the number of seeded participants, be used in setting up tournaments:

>4 participants — seed up to 2 participants
>5-8 participants — seed up to 4 participants
>9-16 participants — seed up to 8 participants
>17-32 participants — seed up to 16 participants

Seeded participants should be placed in bye positions when available.

Illustrated seeding placement for 4, 8, 16 and 32 participant tournaments

4 participants

Line

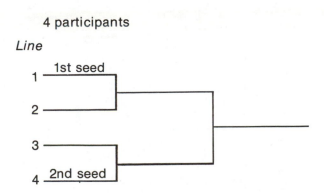

5 to 8 participants

Line

1 1st seed
2
3
4 3rd seed
5 4th seed
6
7
8 2nd seed

9 to 16 participants

Line

1 1st seed
2
3
4 5th seed
5 7th seed
6
7
8 3rd seed
9 4th seed
10
11
12 8th seed
13 6th seed
14
15
16 2nd seed

17 to 32 participants

Line

Line	Seed
1	1st seed
2	
3	
4	9th seed
5	13th seed
6	
7	
8	5th seed
9	7th seed
10	
11	
12	15th seed
13	11th seed
14	
15	
16	3rd seed
17	4th seed
18	
19	
20	12th seed
21	16th seed
22	
23	
24	8th seed
25	6th seed
26	
27	
28	14th seed
29	10th seed
30	
31	
32	2nd seed

Power of 2

The power of 2 is a method used to create a symmetrical, geometric pattern when drawing up single or double elimination tournaments. The power of 2 to be used is determined by the number of participants.

Example:

Power		Sum of power	Number of participants
First power	$2^1 =$	$2 \times 1 = 2$	
Second power	$2^2 =$	$2 \times 2 = 4$	3 to 4
Third power	$2^3 =$	$2 \times 2 \times 2 = 8$	5 to 8
Fourth power	$2^4 =$	$2 \times 2 \times 2 \times 2 = 16$	9 to 16
Fifth power	$2^5 =$	$2 \times 2 \times 2 \times 2 \times 2 = 32$	17 to 32
Sixth power	$2^6 =$	$2 \times 2 \times 2 \times 2 \times 2 \times 2 = 64$	33 to 64

In drawing up single or double elimination tournaments the number of lines on which participants' names and/or byes are placed must equal the sum of a power of 2 to provide equal elimination of participants in each round.

Round

In single and double elimination tournaments the term "round" is used to signify the brackets in a tournament. The first round is the first bracket, second round is the second bracket, etc.

Example: Single Elimination Tournament

1st Round

2nd Round

3rd Round

In round robin tournaments a round is when all participants have played one match unless there are an uneven number of entries. When there are an uneven number of entries a round is completed when all participants but one have played one match. The second round is complete when all participants have played their second match unless there are an uneven number of participants. The second round is complete but one participant will have played only one match.

Example: 4 participant round robin tournament

Round 1	Round 2	Round 3
1 - 2	1 - 3	1 - 4
3 - 4	2 - 4	2 - 3

5 participant round robin tournament

Round 1	Round 2	Round 3
1 - 5	5 - 4	4 - 3
4 - 2	3 - 1	2 - 5
3 - Bye	2 - Bye	1 - Bye

Bye

This term denotes a participant not having an opponent by nature of the number of entries. In single and double elimination tournaments a participant with a bye moves into the next round of the tournament without facing an opponent.

Example: Single elimination tournament with 3 participants

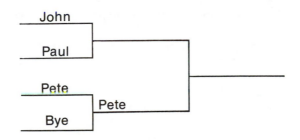

In round robin tournaments with an uneven number of participants, one team will have a bye each round.

Example: Round robin tournament with 5 participants

Round 1	Round 2	Round 3	Round 4	Round 5
1 - 5	5 - 4	4 - 3	3 - 2	2 - 1
4 - 2	3 - 1	2 - 5	1 - 4	5 - 3
3 - Bye	2 - Bye	1 - Bye	5 - Bye	4 - Bye

Byes may be listed or implied. A listed bye is one that is actually listed on the tournament sheet. An implied bye is not listed.

Examples: Listed byes — 3 participants

Single elimination tournament   Round robin tournament

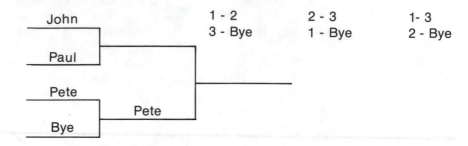

1 - 2	2 - 3	1- 3
3 - Bye	1 - Bye	2 - Bye

Examples: Implied byes — 3 participants

Single elimination tournament   Round Robin tournament

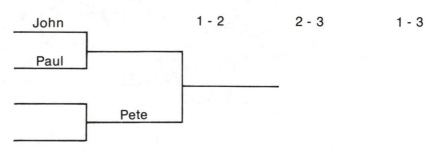

1 - 2	2 - 3	1 - 3

To determine the number of byes for a single or double elimination tournament you subtract the number of participants from the sum of the power of 2 used to draw up the tournament.

Example: Single elimination tournament with 5 participants

$$2^3 = 8 - 5 = 3 \text{ byes}$$

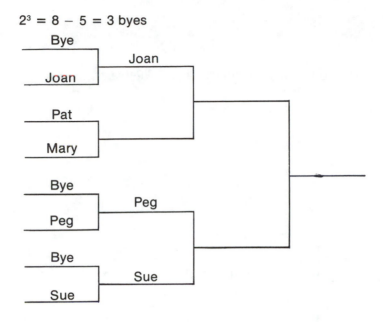

All byes must appear in the first round of a single or double elimination tournament and be positioned symetrically. If there are an even number of byes there should be an equal number in the top half of the tournament and in the bottom half of the tournament. If there are an uneven number of byes the extra bye should be placed in the bottom half of the tournament.

Examples: Single elimination tournament

6 participants = 2 byes   5 Participants = 3 byes

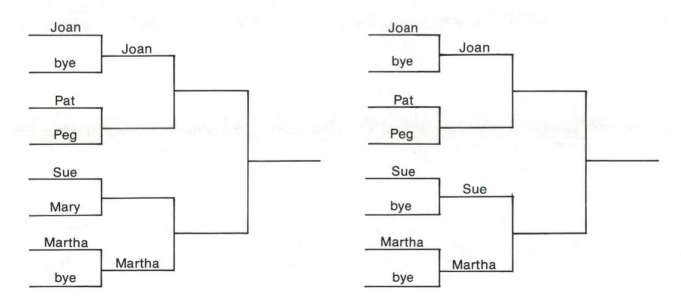

9

Back-to-Back

This term is used to denote a method for drawing up a double elimination tournament with winners moving to the right and losers to the left.

Example: 8 Participants

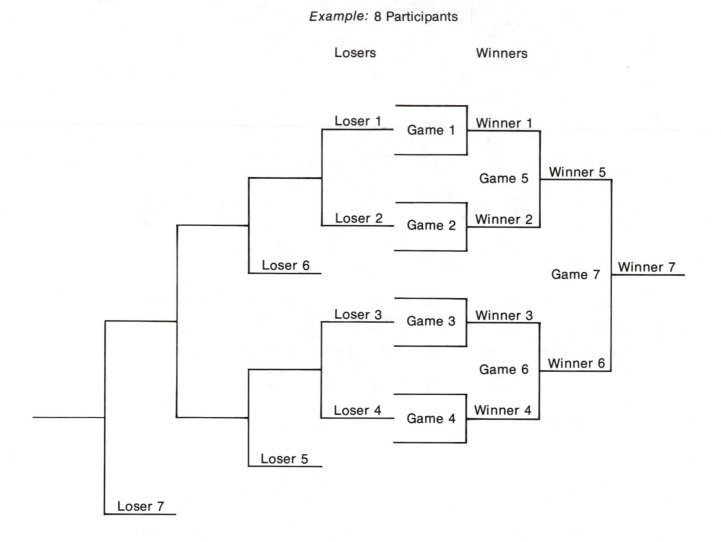

Losers   Winners

Loser 1   Game 1   Winner 1

Game 5   Winner 5

Loser 2   Game 2   Winner 2

Loser 6

Game 7   Winner 7

Loser 3   Game 3   Winner 3

Game 6   Winner 6

Loser 4   Game 4   Winner 4

Loser 5

Loser 7

NOTE: The winner of the loser's bracket meets the winner of the winner's bracket for the championship.

Over and Under

This term is used to denote a method for drawing up a double elimination tournament with winners moving to the right and losers being placed in a bracket underneath the winners' bracket.

Example: 8 Participants

Winners

Game 1 — Winner 1

Game 5

Game 2 — Winner 2

Game 7 — Winner 7

Game 3 — Winner 3

Game 6

Game 4 — Winner 4

Losers

Loser 1

Loser 2

Loser 6

Loser 3

Loser 4

Loser 5

Loser 7

FORMULAS FOR TOURNAMENT ORGANIZATION

Single Elimination Tournament

Number of rounds is equal to the power of 2

Examples:

Power of 2   Number of Rounds   Number of Participants
$2^1 = 1$ 2
$2^2 = 2$ ....3 to 4
$2^3 = 3$ ....5 to 8
$2^4 = 4$ ....9 to 16
$2^5 = 5$ ....17 to 32
$2^6 = 6$ ....33 to 64

Number of games
N - 1 = number of games (N signifies the number of participants)
N = number of games including a play-off for third place

Examples:
14 Participants

N - 1 = 14 - 1 = 13 games or minimum number to complete the tournament
N = 14 games or maximum number of games to complete the tournament with a play-off for third place

Double Elimination Tournament

Number of rounds will vary according to the number of participants and if an additional game is played to determine the winner. The following will act as a general guide:

Number of Participants	Number of Rounds
2 to 8	2 to 9
9 to 16	9 to 12
17 to 32	13 to 15

Refer to the quick reference table for the exact number of rounds equal to the number of participants.

Number of Games
  Minimum number of games 2 (N - 1)
  Maximum number of games 2 (N - 1) + 1
  N = number of participants

  Example:
  21 Participants

Minimum number of games 2 (21 - 1) = 40
Maximum number of games 2 (21 - 1) + 1 = 41

Round Robin Tournament

Number of rounds is determined by the number of participants
    Even number of participants N - 1 = number of rounds
    Odd number of participants N = number of rounds
    N = number of participants

    Examples:
      12 Participants

      N - 1 = 12 - 1 = 11 rounds
      11 Participants
      N =11 or number of rounds

Number of games is determined by using the formula
$$\frac{N(N-1)}{2} = \text{Number of games}$$
N = number of participants

    Example:
      12 Participants

$$\frac{12(12-1)}{2} = \frac{12(11)}{2} = \frac{132}{2} = 66 \text{ games}$$

QUICK REFERENCE TABLE FOR TOURNAMENTS

Type of Tournament	Number of Participants	Number of Rounds	Number of Games Min. Max.		Refer to Page
Single elim.	2	1	1	1	
Double elim.	2	2	2	2	
Single elim.	3	2	2	2	17
Double elim.	3	4	4	5	17
Round robin	3	3	3	3	63
Single elim.	4	2	3	4	17
Double elim.	4	5-6	6	7	17
Round robin	4	3	6	6	63
Single elim.	5	3	4	5	18
Double elim.	5	6-7	8	9	18
Round robin	5	5	10	10	63
Single elim.	6	3	5	6	19
Double elim.	6	7-8	10	11	19
Round robin	6	5	15	15	63
Single elim.	7	3	6	7	20
Double elim.	7	7-8	12	13	20
Round robin	7	7	21	21	64
Single elim.	8	3	7	8	21
Double elim.	8	8-9	14	15	21
Round robin	8	7	28	28	64
Single elim.	9	4	8	9	22
Double elim.	9	9-10	16	17	22
Round robin	9	9	36	36	65
Single elim.	10	4	9	10	23
Double elim.	10	10-11	18	19	23
Round robin	10	9	45	45	66
Single elim.	11	4	10	11	24
Double elim.	11	9-10	20	21	24
Round robin	11	11	55	55	67
Single elim.	12	4	11	12	25
Double elim.	12	10-11	22	23	25
Round robin	12	11	66	66	68
Single elim.	13	4	12	13	26
Double elim.	13	11-12	24	25	26
Round robin	13	13	78	78	70
Single elim.	14	4	13	14	27
Double elim.	14	10-11	26	27	27
Round robin	14	13	91	91	72
Single elim.	15	4	14	15	28
Double elim.	15	11-12	28	29	28
Round robin	15	15	105	105	75
Single elim.	16	4	15	16	29
Double elim.	16	11-12	30	31	29
Round robin	16	15	120	120	78

Due to the number of games, playing time and facilities it is recommended that round robin tournaments with over 16 participants be split into smaller groups to facilitate scheduling. They will be included in the reference table up to 32 entries but are not illustrated.

Type of Tournament	Number of Participants	Number of Rounds	Number of Games Min. Max.		Refer to Page
Single elim.	17	5	16	17	30
Double elim.	17	13-14	32	33	31
Round robin	17	17	136	136	
Single elim.	18	5	17	18	32
Double elim.	18	13-14	34	35	33
Round robin	18	17	153	153	
Single elim.	19	5	18	19	34
Double elim.	19	13-14	36	37	35
Round robin	19	19	171	171	
Single elim.	20	5	19	20	36
Double elim.	20	13-14	38	39	37
Round robin	20	19	190	190	
Single elim.	21	5	20	21	38
Double elim.	21	13-14	40	41	39
Round robin	21	21	210	210	
Single elim.	22	5	21	22	40
Double elim.	22	13-14	42	43	41
Round robin	22	21	231	231	
Single elim.	23	5	22	23	42
Double elim.	23	13-14	44	45	43
Round robin	23	23	253	253	
Single elim.	24	5	23	24	44
double elim.	24	13-14	46	47	45
Round robin	24	23	276	276	
Single elim.	25	5	24	25	46
Double elim.	25	14-15	48	49	47
Round robin	25	25	300	300	
Single elim.	26	5	25	26	48
Double elim.	26	14-15	50	51	49
Round robin	26	25	325	325	
Single elim.	27	5	26	27	50
Double elim.	27	14-15	52	53	51
Round robin	27	27	351	351	
Single elim.	28	5	27	28	52
Double elim.	28	14-15	54	55	53
Round robin	28	27	378	378	
Single elim.	29	5	28	29	54
Double elim.	29	14-15	56	57	55
Round robin	29	29	406	406	
Single elim.	30	5	29	30	56
Double elim.	30	14-15	58	59	57
Round robin	30	29	435	435	
Single elim.	31	5	30	31	58
Double elim.	31	14-15	60	61	59
Round robin	31	31	465	465	
Single elim.	32	5	31	32	60
Double elim.	32	14-15	62	63	61
Round robin	32	31	496	496	

To facilitate posting and drawing up single and double elimination tournaments, when the number of participants exceeds 32 split the entries into smaller groups and play off the winners.

SINGLE ELIMINATION — DOUBLE ELIMINATION TOURNAMENTS

The first tournament listed under each number of participants is single elimination tournament, the basis for a double elimination tournament. Directly below is the continuation for a double elimination tournament.

3 Participants — single elimination

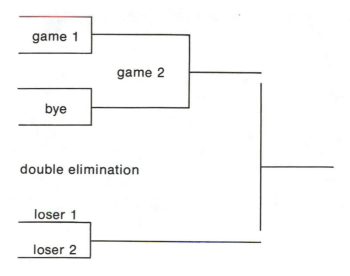

4 Participants — single elimination

5 Participants — single elimination

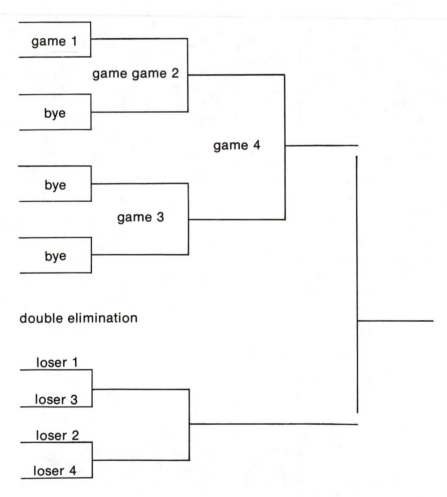

game 1

game game 2

bye

game 4

bye

game 3

bye

double elimination

loser 1

loser 3

loser 2

loser 4

6 Participants — single elimination

double elimination

7 Participants — single elimination

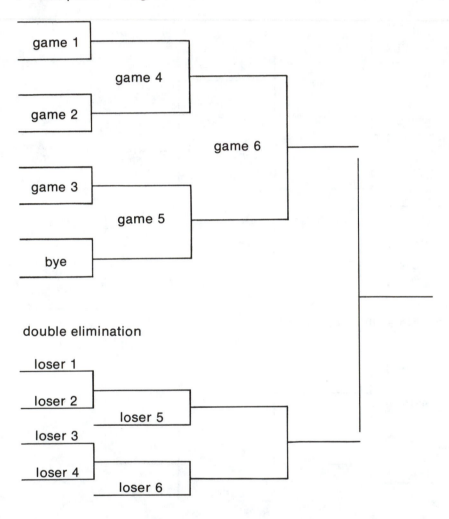

double elimination

8 Participants — single elimination

game 1

game 5

game 2

game 7

game 3

game 6

game 4

double elimination

loser 1

loser 2

loser 6

loser 3

loser 4

loser 5

loser 7

9 Participants — single elimination

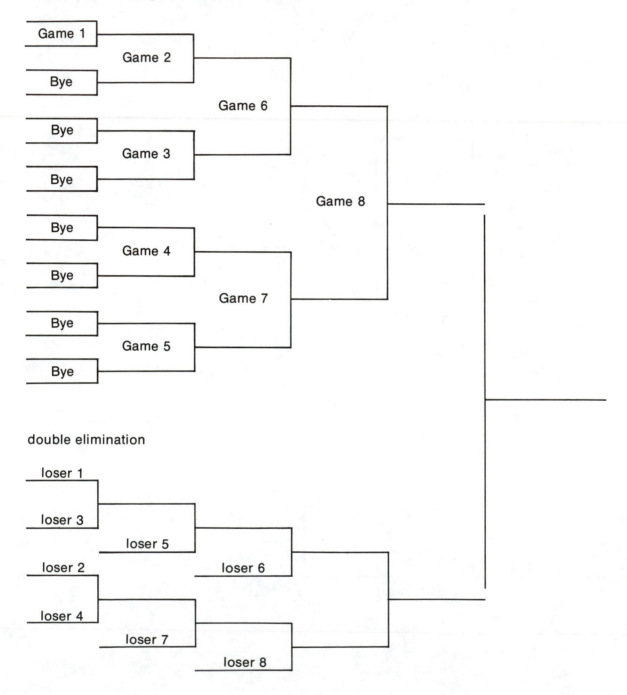

double elimination

10 Participants — single elimination

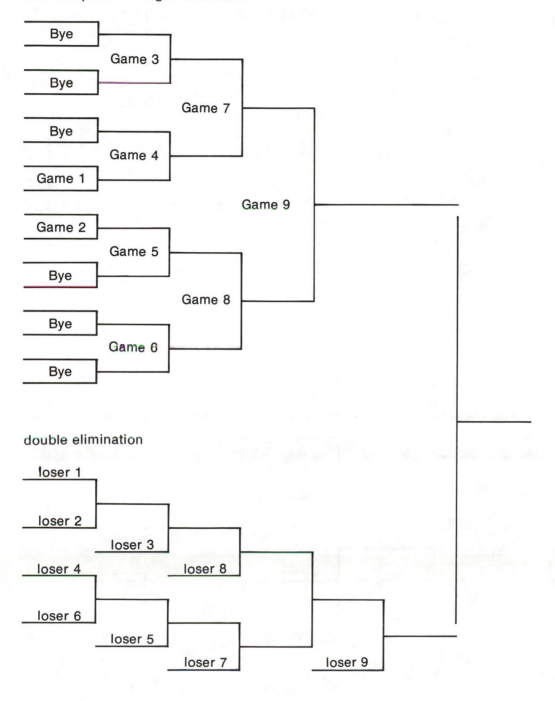

double elimination

11 Participants — single elimination

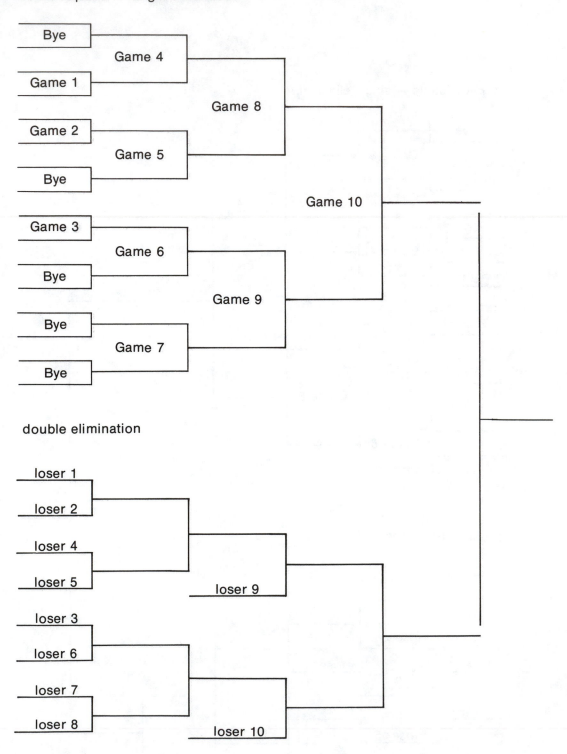

double elimination

12 Participants — single elimination

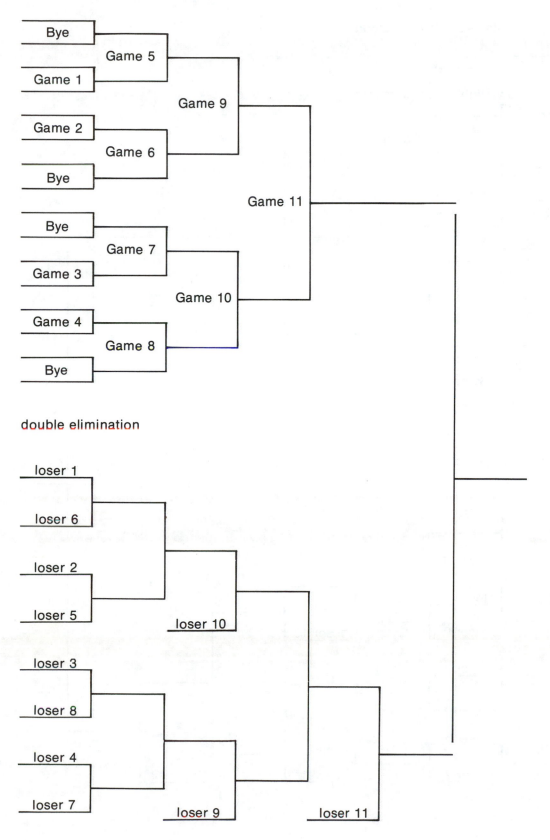

double elimination

13 Participants — single elimination

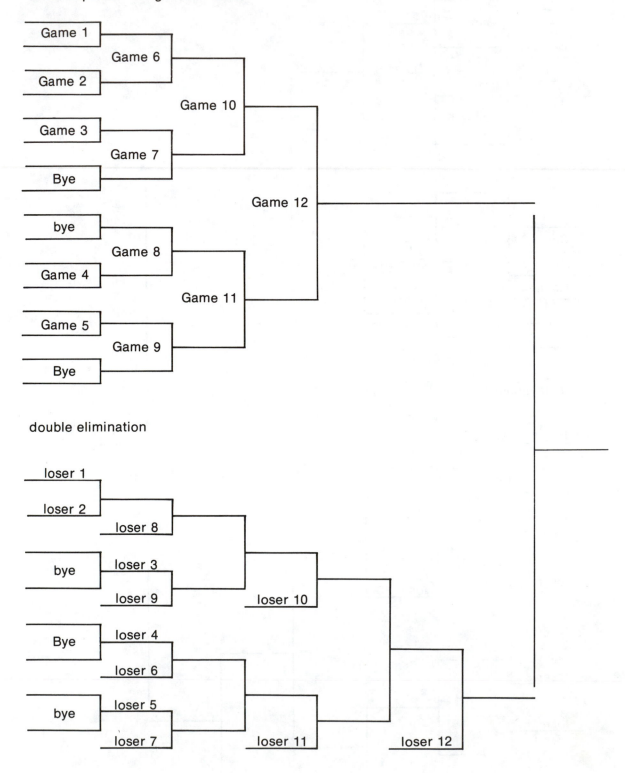

double elimination

14 Participants — single elimination

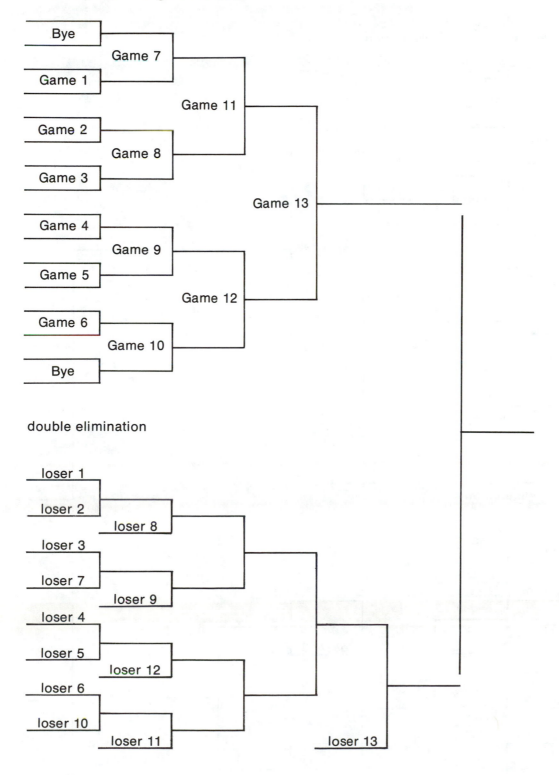

double elimination

15 Participants — single elimination

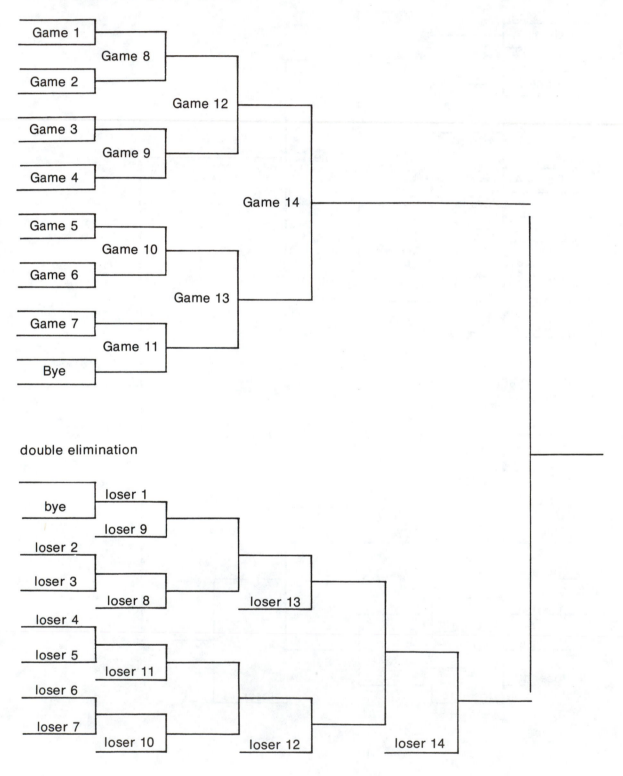

double elimination

16 Participants — single elimination

double elimination

17 Participants — single elimination

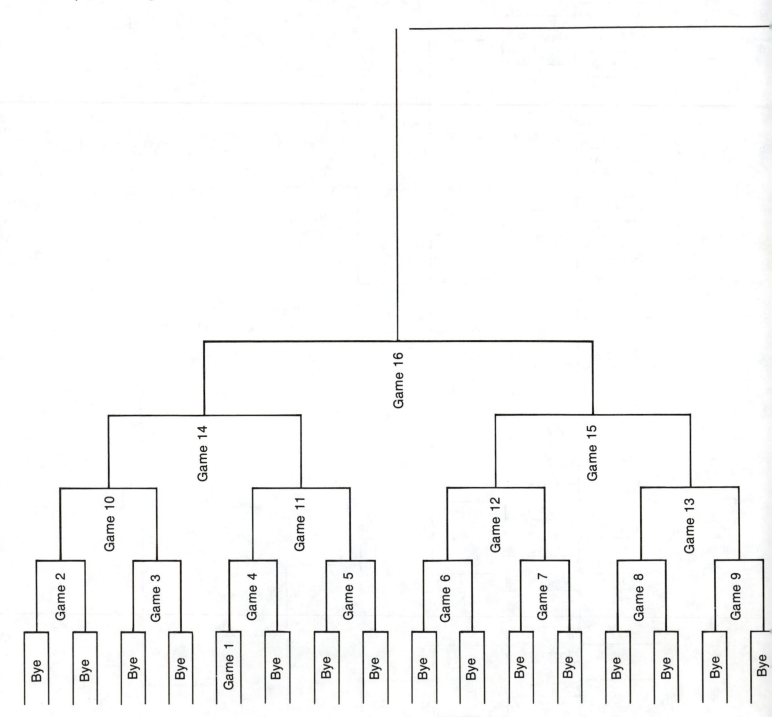

30

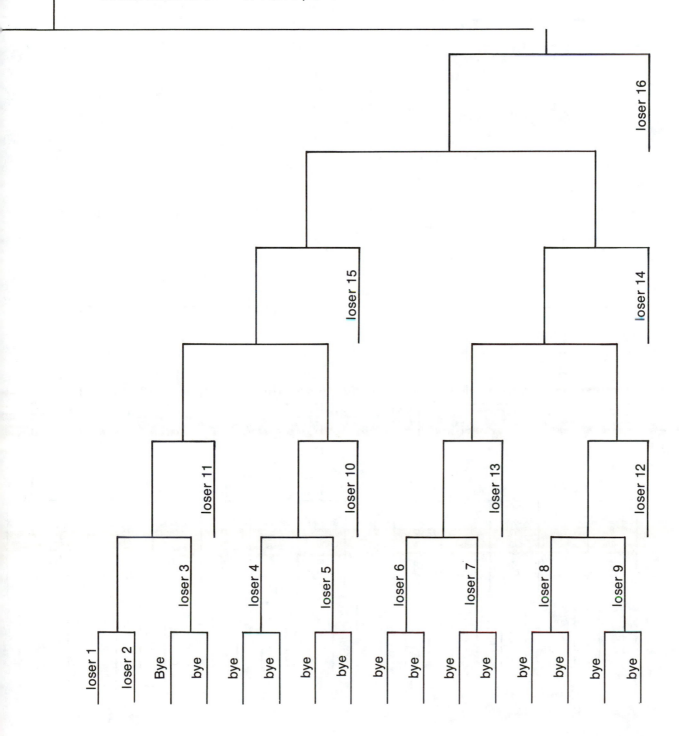

double elimination — 17 Participants

31

18 Participants — single elimination

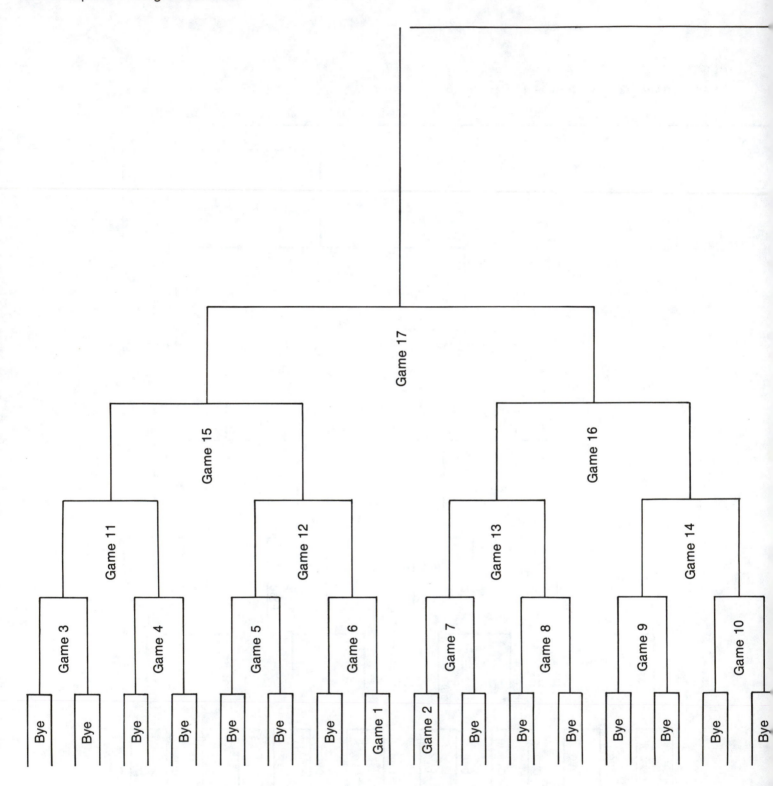

double elimination — 18 Participants

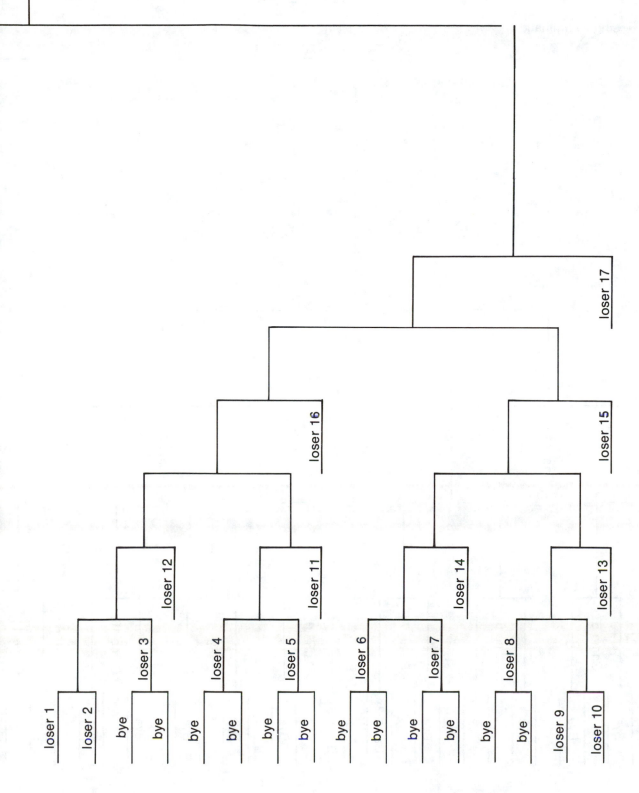

19 Participants — single elimination

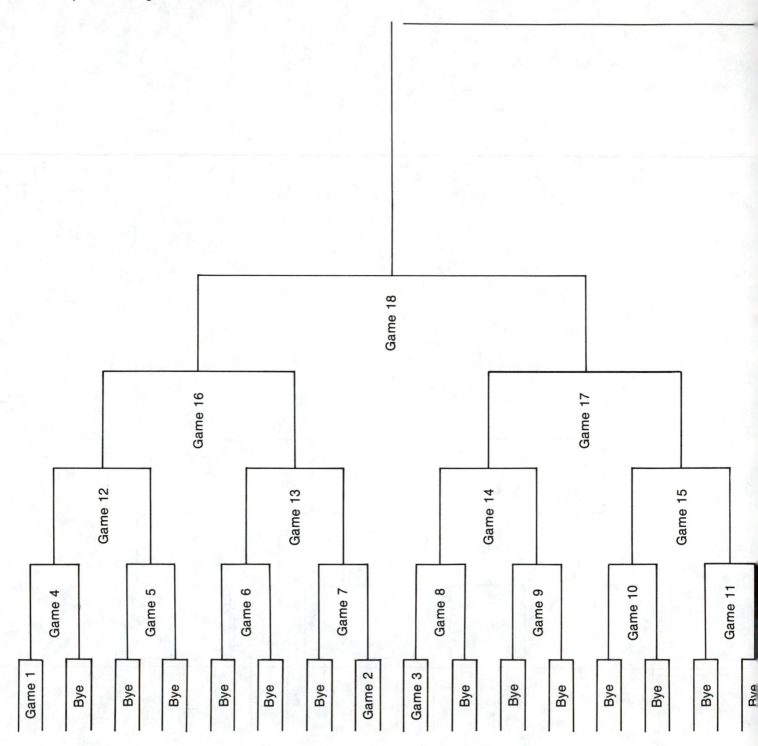

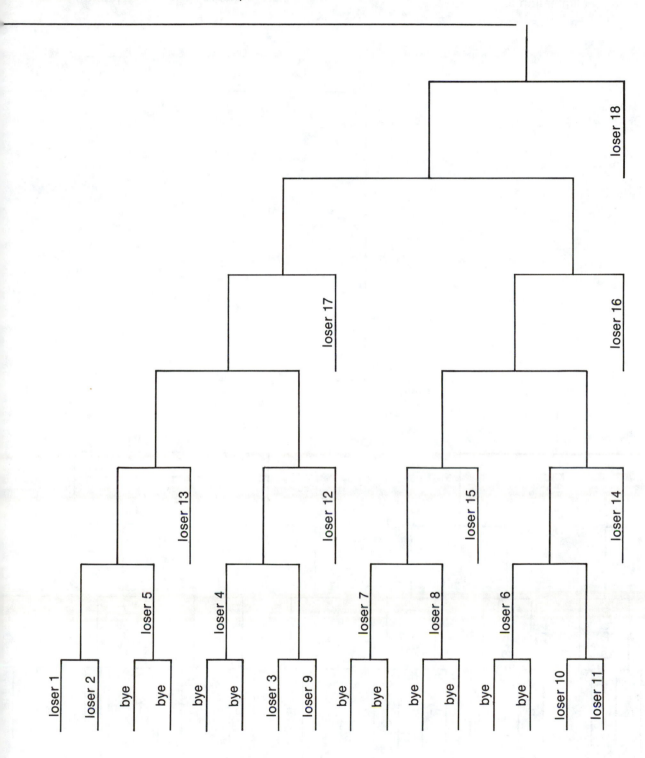

20 Participants — single elimination

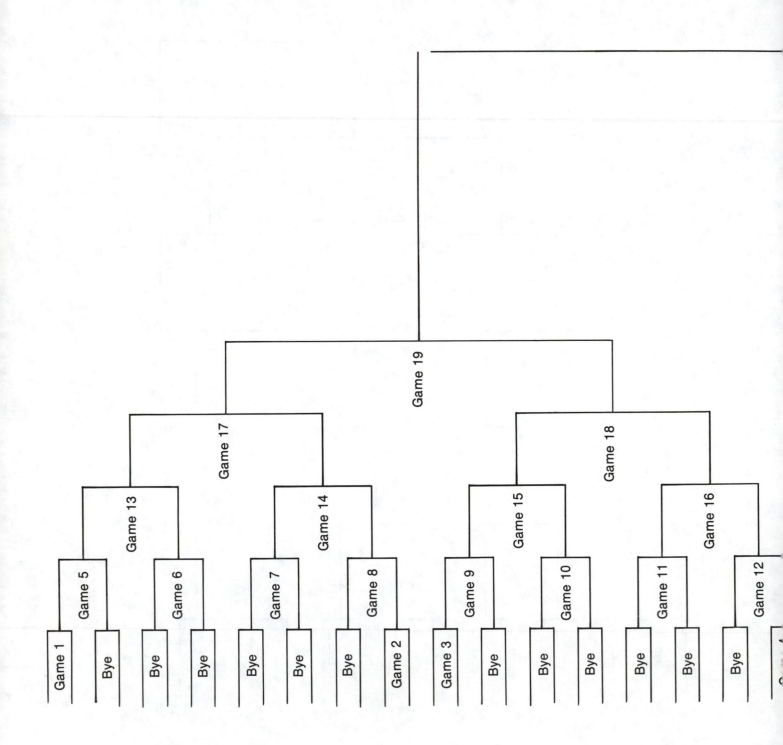

double elimination — 20 Participants

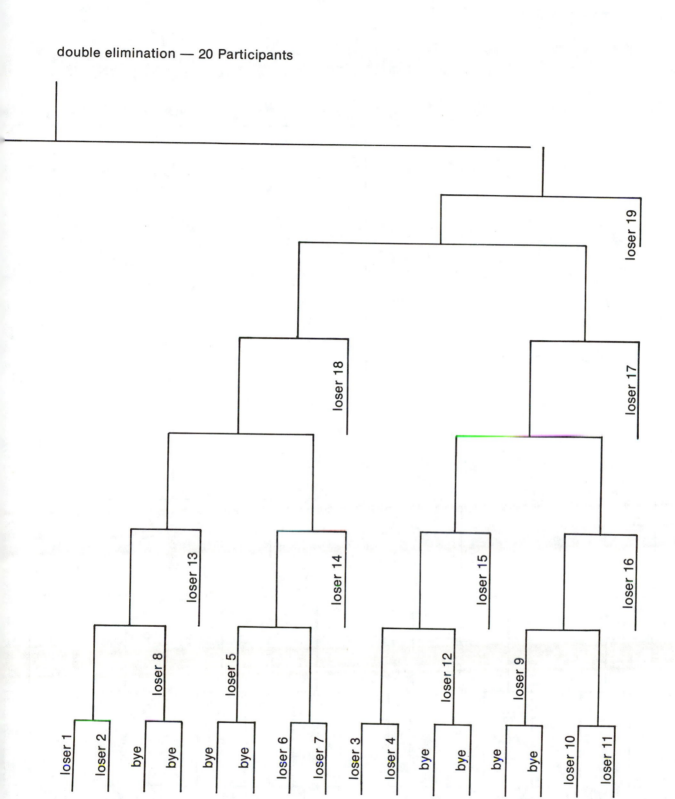

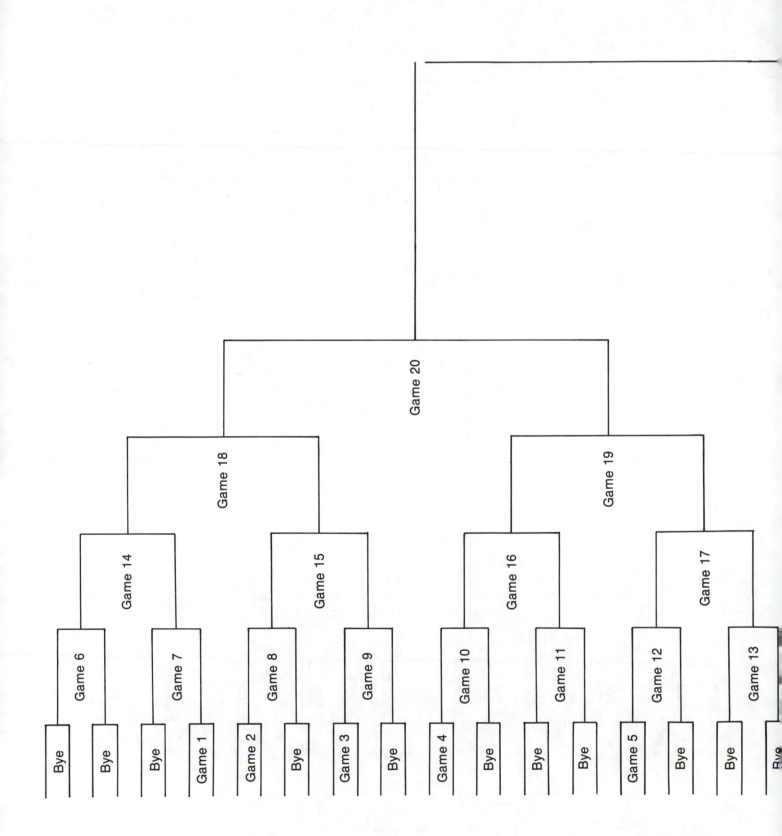

double elimination — 21 Participants

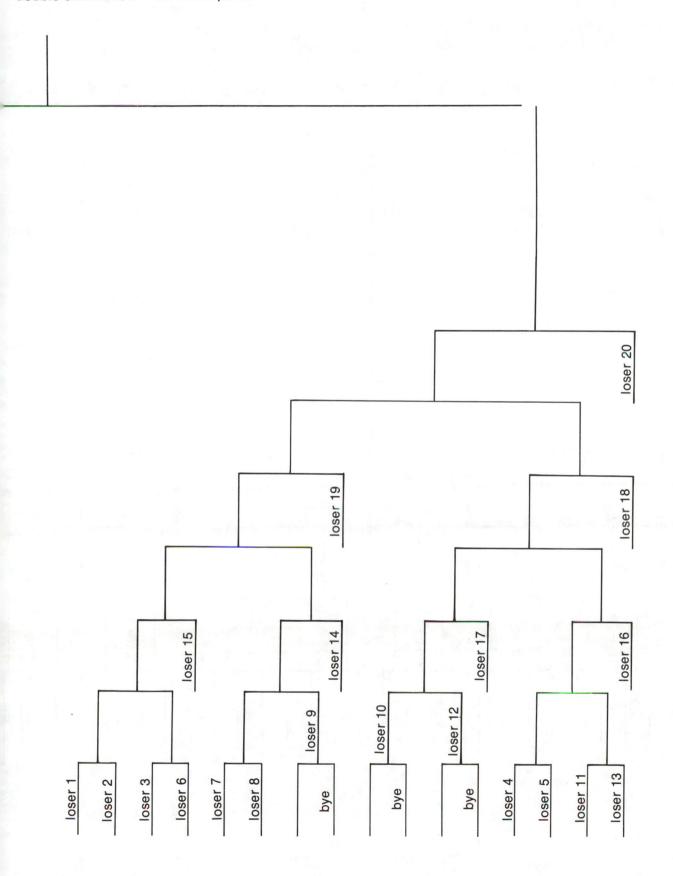

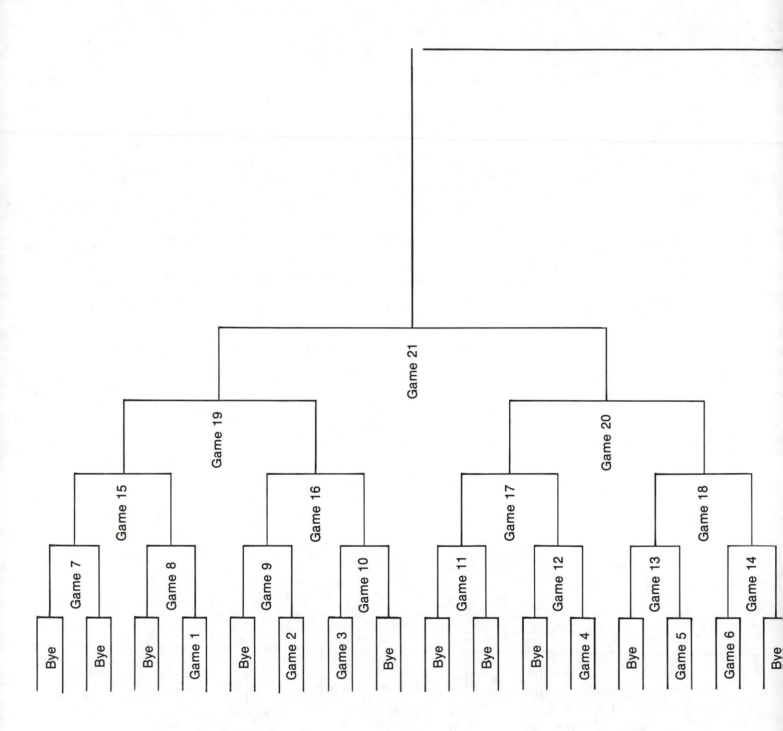

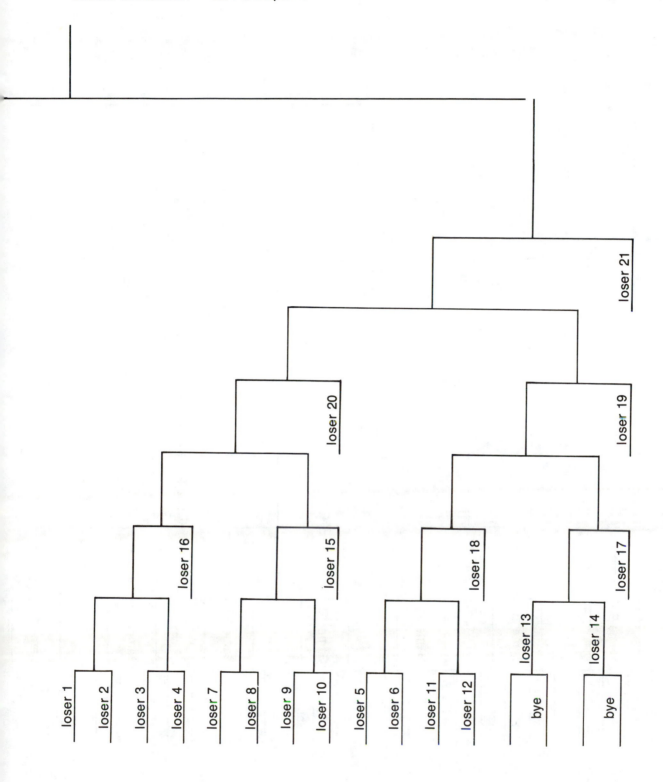

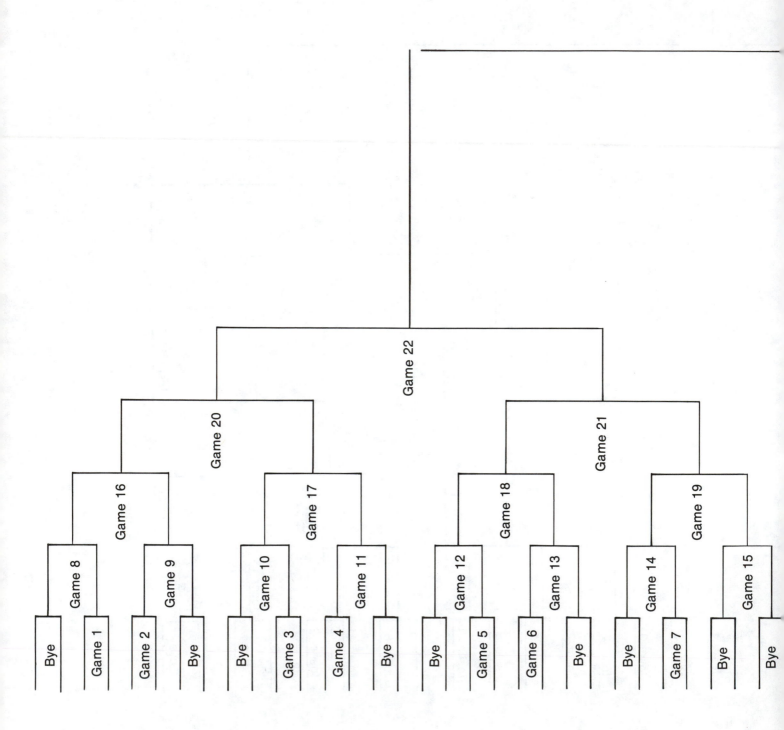

double elimination — 23 Participants

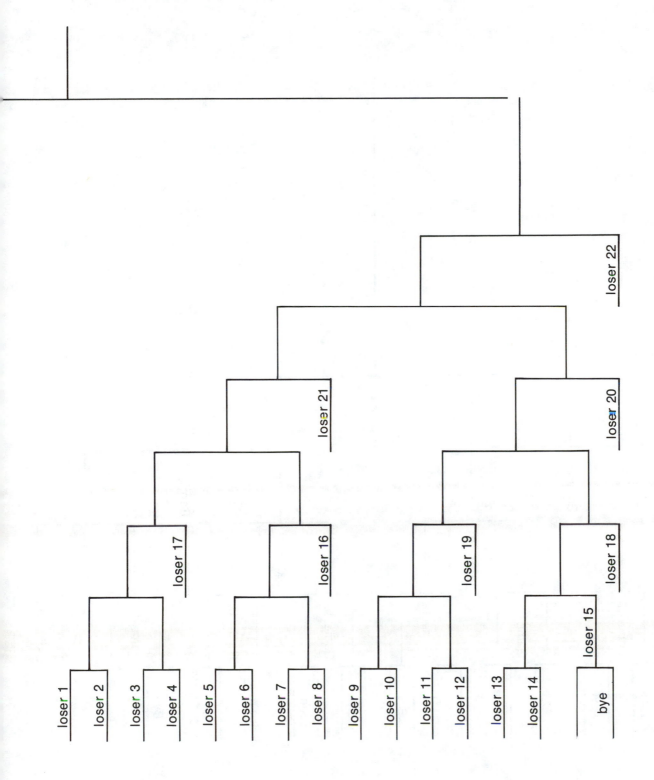

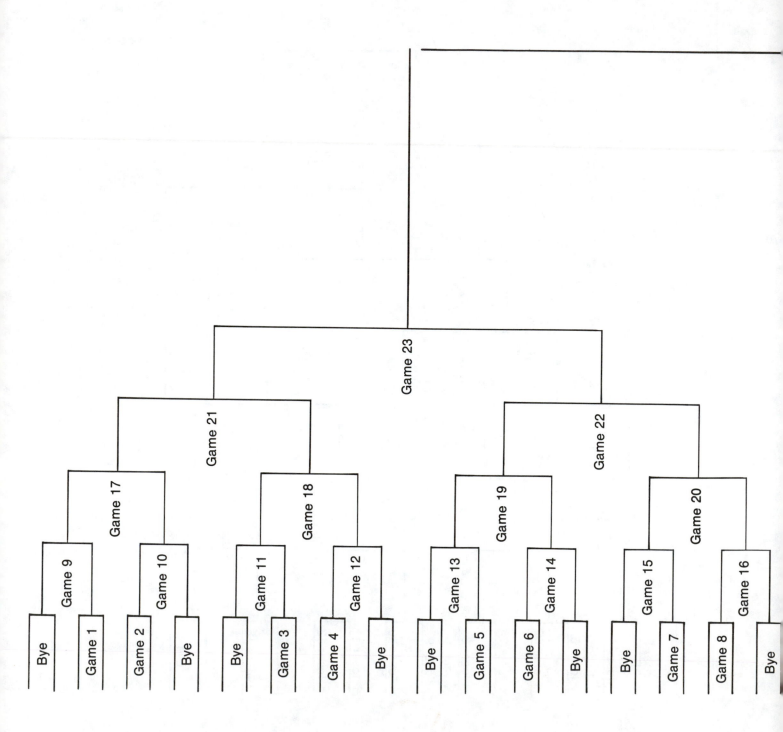

double elimination — 24 Participants

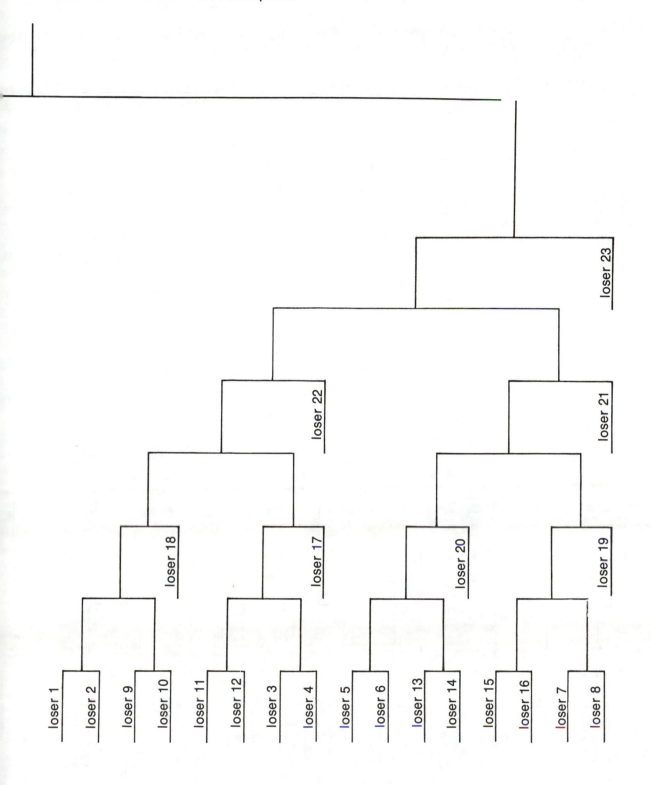

25 Participants — single elimination

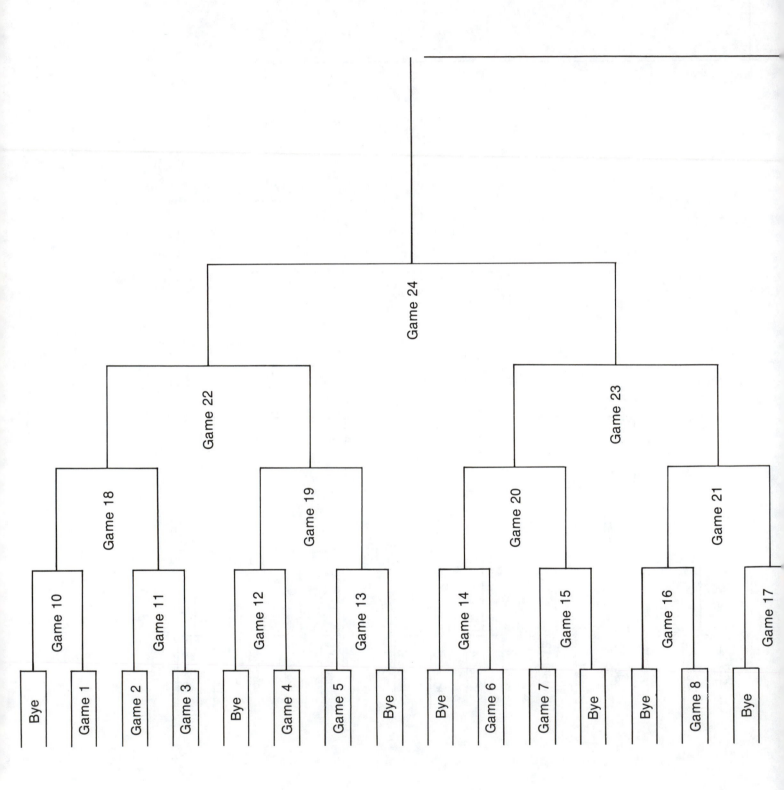

double elimination — 25 Participants

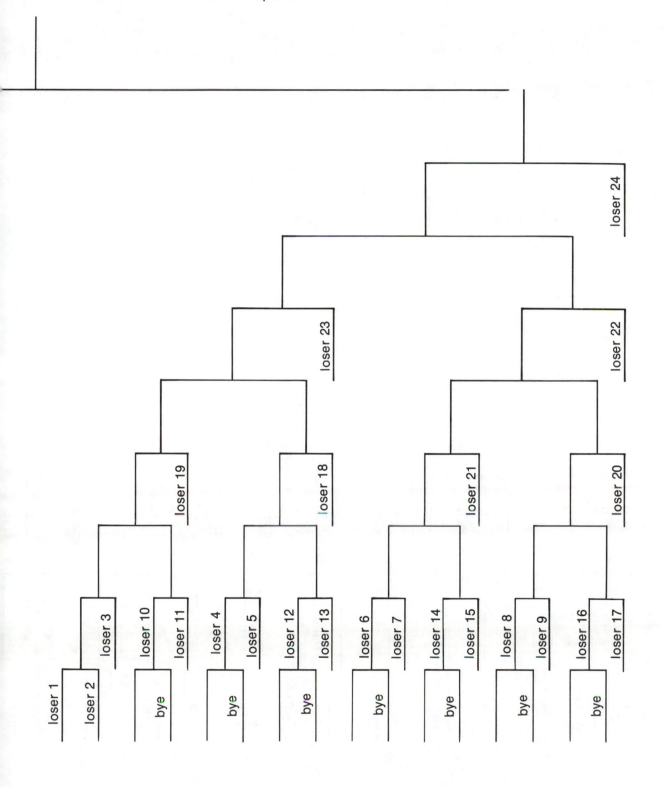

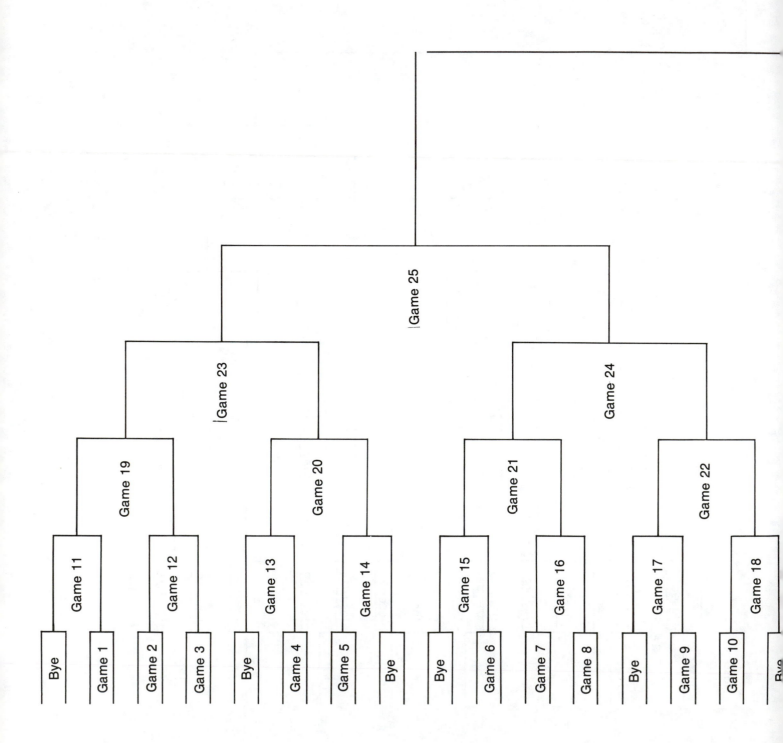

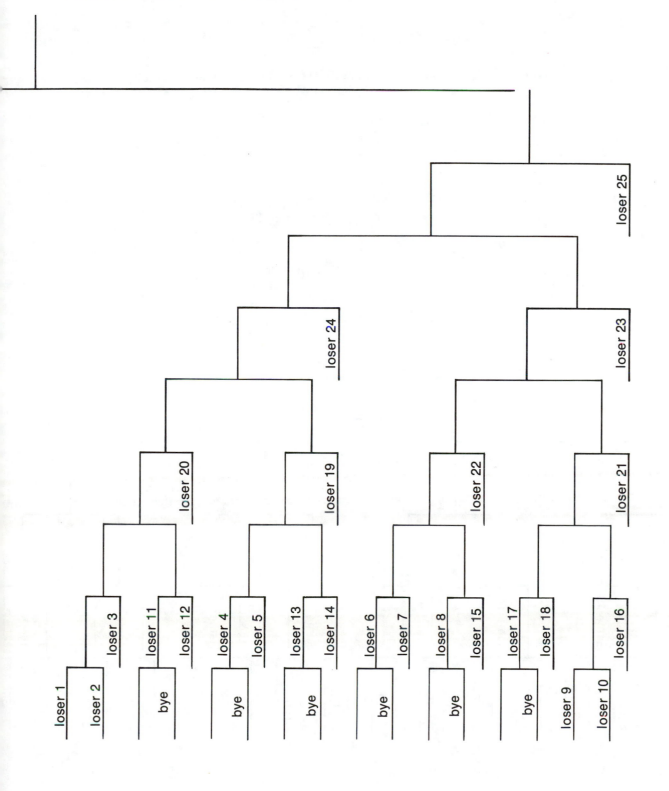

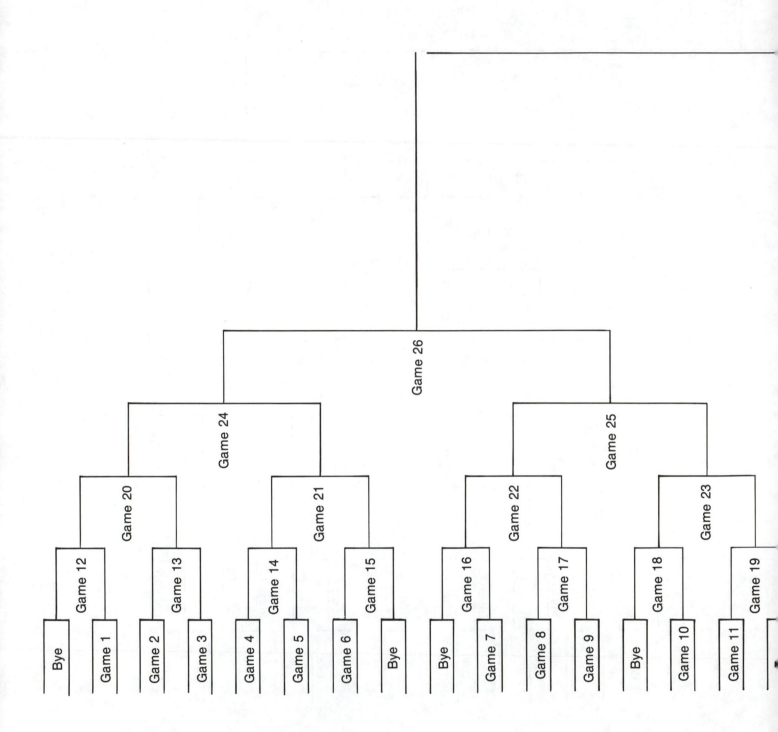

double elimination — 27 Participants

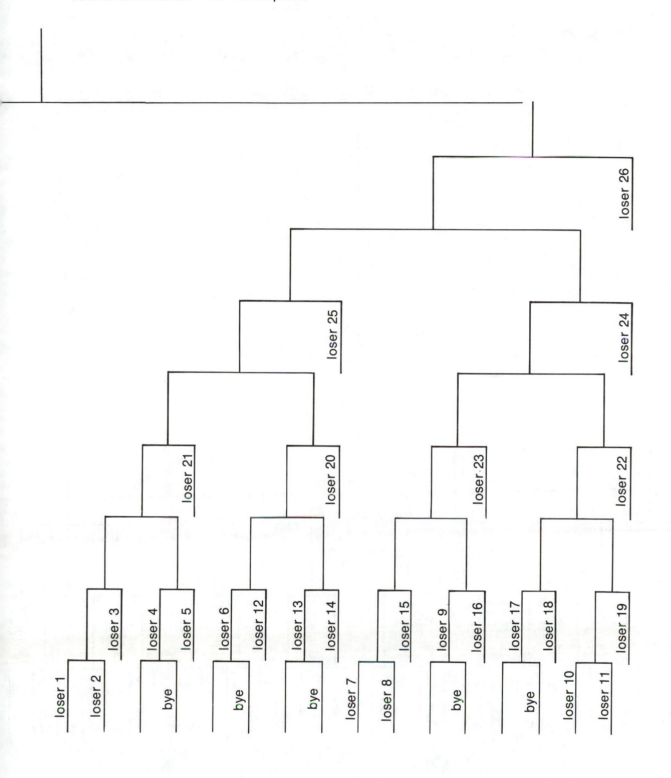

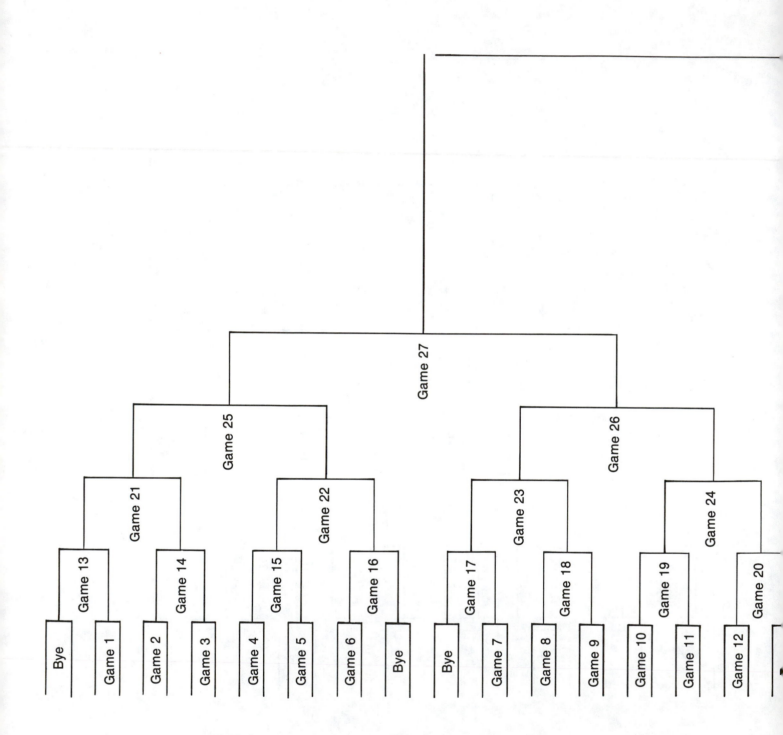

double elimination — 28 Participants

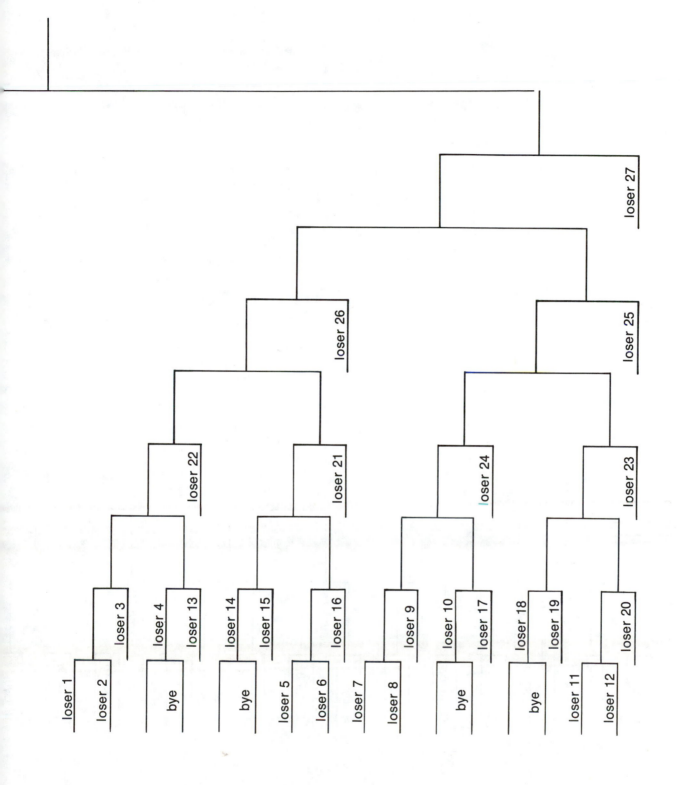

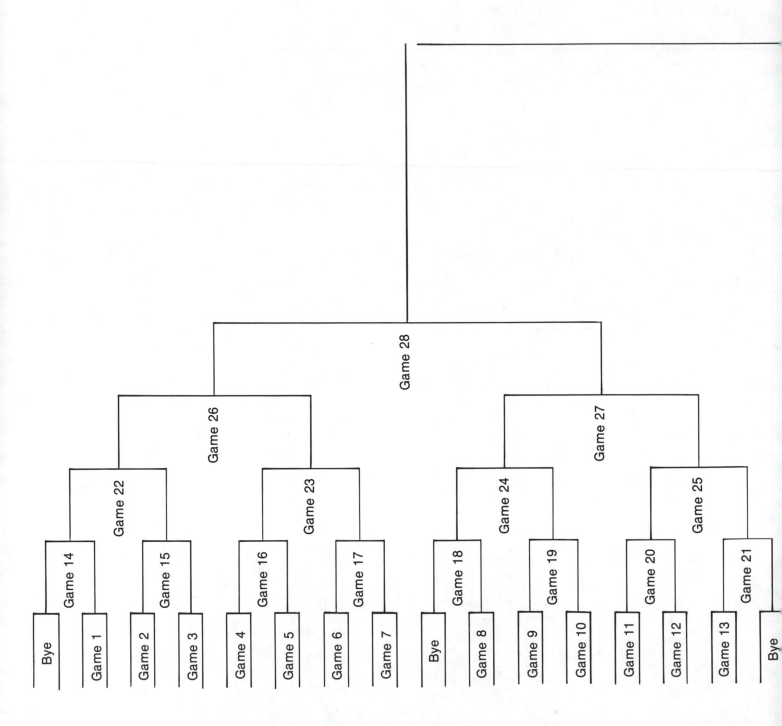

double elimination — 29 Participants

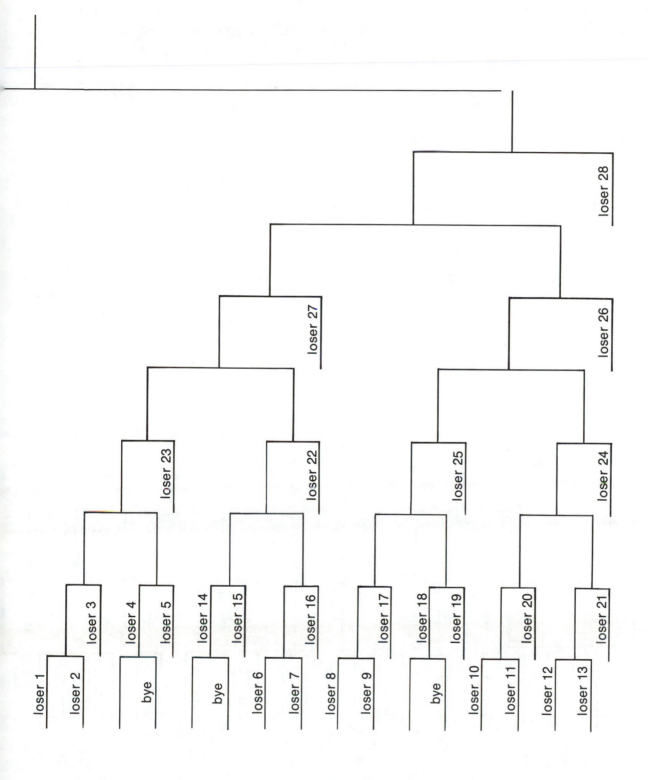

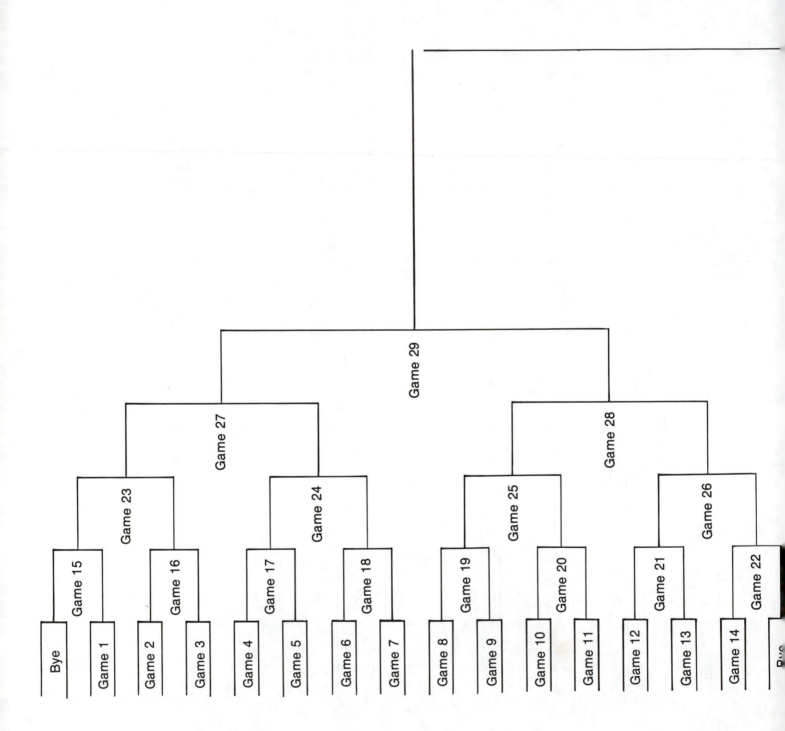

Game 29

Game 27

Game 28

Game 23

Game 24

Game 25

Game 26

Game 15

Game 16

Game 17

Game 18

Game 19

Game 20

Game 21

Game 22

Bye

Game 1

Game 2

Game 3

Game 4

Game 5

Game 6

Game 7

Game 8

Game 9

Game 10

Game 11

Game 12

Game 13

Game 14

Bye

double elimination — 30 Participants

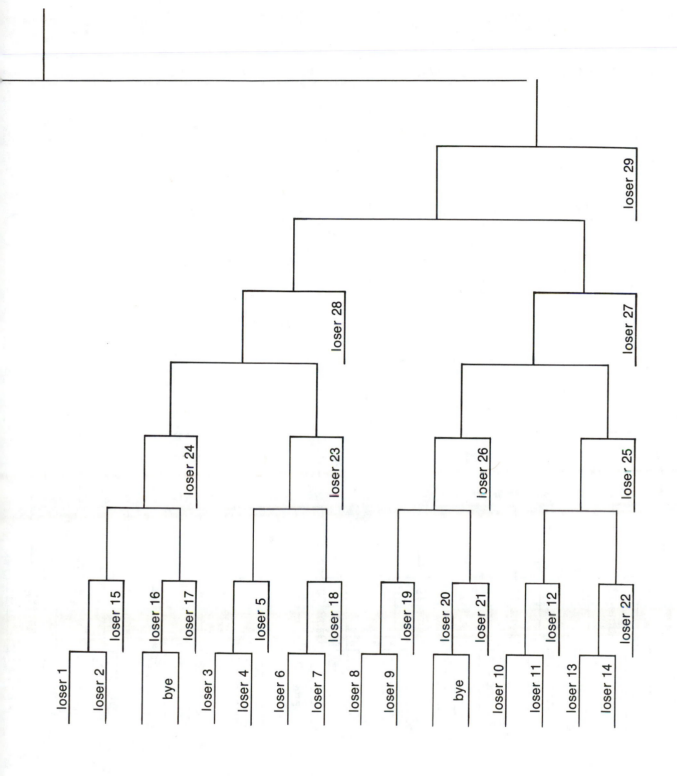

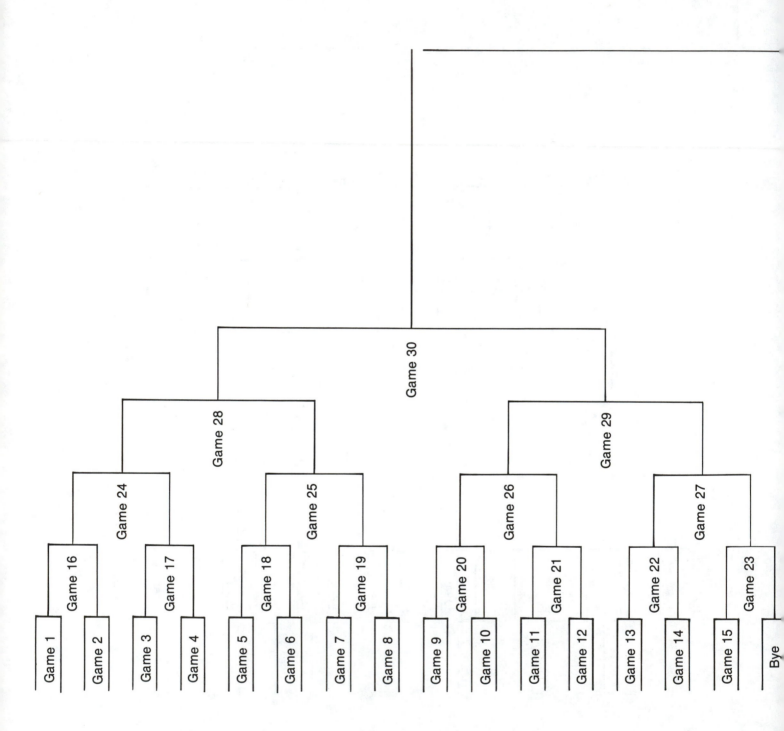

double elimination — 31 Participants

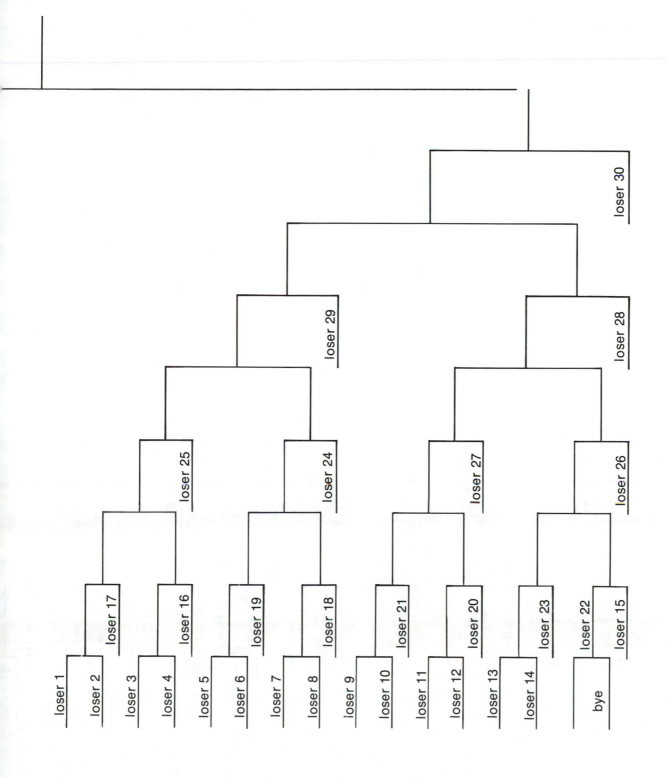

loser 30

loser 29

loser 28

loser 25

loser 24

loser 27

loser 26

loser 17

loser 16

loser 19

loser 18

loser 21

loser 20

loser 23

loser 22

loser 15

loser 1

loser 2

loser 3

loser 4

loser 5

loser 6

loser 7

loser 8

loser 9

loser 10

loser 11

loser 12

loser 13

loser 14

bye

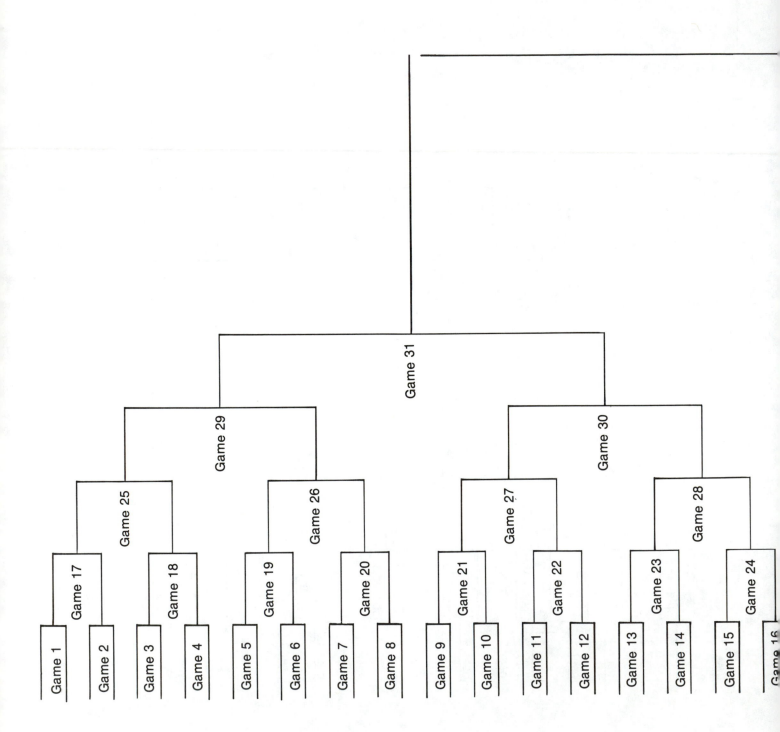

Game 31

Game 29

Game 30

Game 25

Game 26

Game 27

Game 28

Game 17

Game 18

Game 19

Game 20

Game 21

Game 22

Game 23

Game 24

Game 1

Game 2

Game 3

Game 4

Game 5

Game 6

Game 7

Game 8

Game 9

Game 10

Game 11

Game 12

Game 13

Game 14

Game 15

Game 16

double elimination — 32 Participants

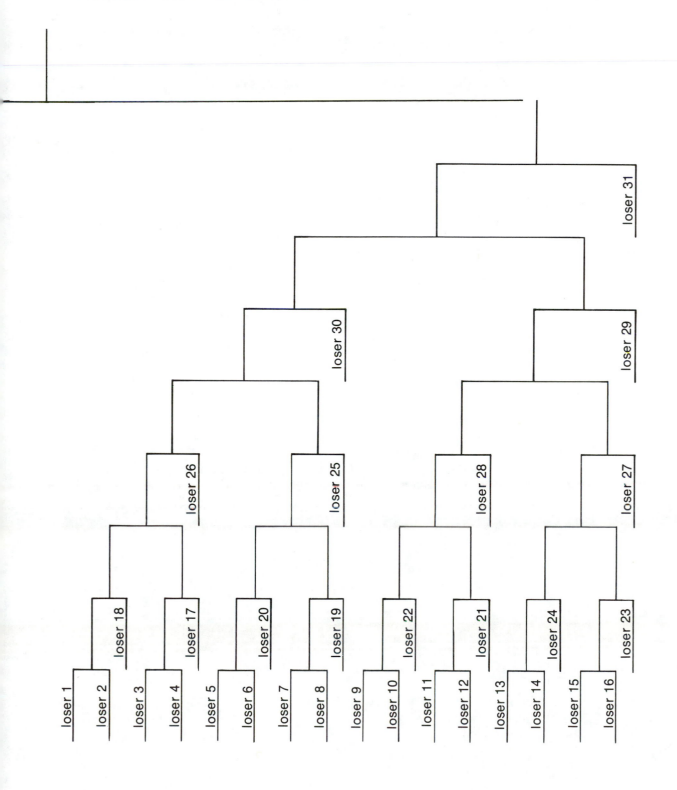

ROUND ROBIN TOURNAMENTS

The following pages contain round robin tournaments for 3 to 16 participants using one or more playing areas. For an odd number of participants the implied bye method is used to set up the tournament. It is seldom feasible to conduct round robin tournaments with more than 16 participants. If you have more than 16 participants or less than 16 with insufficient playing areas and time, you should divide the participants into smaller equitable groups and have play-offs between these groups.

3 Participants — 1 playing area

1 vs 2
2 vs 3
3 vs 1

4 Participants — 1 playing area

1 vs 2
3 vs 4
3 vs 1
4 vs 2
2 vs 3
1 vs 4

4 Participants — 2 playing areas

#1		#2	
1 vs 2	3 vs 4
3 vs 1	4 vs 2
2 vs 3	1 vs 4

5 Participants — 1 playing area

1 vs 5
4 vs 2
3 vs 1
5 vs 4
3 vs 2
1 vs 4
2 vs 5
4 vs 3
2 vs 1
5 vs 3

5 Participants — 2 playing areas

#1		#2	
1 vs 5	4 vs 2
5 vs 4	3 vs 1
4 vs 3	2 vs 5
3 vs 2	1 vs 4
2 vs 1	5 vs 3

6 Participants — 1 playing area

1 vs 2
3 vs 4
5 vs 6
2 vs 3
1 vs 6
5 vs 4
3 vs 1
2 vs 5
6 vs 4
3 vs 5
2 vs 6
4 vs 1
6 vs 3
1 vs 5
4 vs 2

6 Participants — 2 playing areas

#1		#2	
1 vs 2	3 vs 4
5 vs 6	2 vs 3
5 vs 4	1 vs 6
3 vs 1	2 vs 5
6 vs 4	3 vs 5
2 vs 6	4 vs 1
1 vs 5	6 vs 3
4 vs 2	

6 Participants — 3 playing areas

#1		#2		#3	
1 vs 2	3 vs 4	5 vs 6
5 vs 4	1 vs 6	2 vs 3
3 vs 1	2 vs 5	6 vs 4
2 vs 6	4 vs 1	3 vs 5
1 vs 5	6 vs 3	4 vs 2

7 Participants — 1 playing area

3 vs 6
1 vs 5
2 vs 7
5 vs 7
2 vs 4
1 vs 3
4 vs 5
3 vs 7
2 vs 6
3 vs 4
1 vs 7
5 vs 6
1 vs 2
4 vs 6
2 vs 5
6 vs 7
2 vs 3
1 vs 4
3 vs 5
1 vs 6
4 vs 7

7 Participants — 2 playing areas

#1	#2
3 vs 6	1 vs 5
2 vs 7	1 vs 3
5 vs 7	2 vs 4
4 vs 5	3 vs 7
2 vs 6	3 vs 4
1 vs 2	5 vs 6
1 vs 7	4 vs 6
2 vs 5	6 vs 7
1 vs 4	2 vs 3
3 vs 5	1 vs 6
4 vs 7	

7 Participants — 3 playing areas

#1	#2	#3
3 vs 6	1 vs 5	2 vs 7
5 vs 7	2 vs 4	1 vs 3
4 vs 5	3 vs 7	2 vs 6
3 vs 4	1 vs 2	5 vs 6
1 vs 7	4 vs 6	2 vs 5
2 vs 3	6 vs 7	1 vs 4
1 vs 6	3 vs 5	4 vs 7

8 Participants — 1 playing area

1 vs 2
3 vs 4
5 vs 6
7 vs 8
2 vs 4
5 vs 7
6 vs 8
1 vs 3
5 vs 4
1 vs 8
7 vs 3
2 vs 6
1 vs 5
7 vs 2
3 vs 6
8 vs 4
7 vs 1
4 vs 6
3 vs 8
5 vs 2
4 vs 1
8 vs 5
2 vs 3
6 vs 7
8 vs 2
6 vs 1
4 vs 7
3 vs 5

8 Participants — 2 playing areas

#1	#2
1 vs 2	3 vs 4
5 vs 6	7 vs 8
2 vs 4	1 vs 3
6 vs 8	5 vs 7
5 vs 4	1 vs 8
7 vs 3	2 vs 6
1 vs 5	8 vs 4
3 vs 6	7 vs 2
7 vs 1	4 vs 6
3 vs 8	5 vs 2
4 vs 1	6 vs 7
2 vs 3	8 vs 5
4 vs 7	6 vs 1
8 vs 2	3 vs 5

8 Participants — 3 playing areas

#1	#2	#3
1 vs 2	3 vs 4	5 vs 6
7 vs 8	2 vs 4	1 vs 3
5 vs 7	1 vs 8	2 vs 6
5 vs 4	7 vs 3	6 vs 8
3 vs 6	7 vs 2	1 vs 5
8 vs 4	7 vs 1	5 vs 2
4 vs 6	2 vs 3	8 vs 5
3 vs 8	4 vs 1	6 vs 7
4 vs 7	6 vs 1	8 vs 2
3 vs 5		

8 Participants — 4 playing areas

#1	#2	#3	#4
1 vs 2	3 vs 4	5 vs 6	7 vs 8
6 vs 8	5 vs 7	2 vs 4	1 vs 3
5 vs 4	1 vs 8	7 vs 3	2 vs 6
3 vs 6	7 vs 2	1 vs 5	8 vs 4
7 vs 1	4 vs 6	3 vs 8	5 vs 2
2 vs 3	8 vs 5	4 vs 1	6 vs 7
4 vs 7	6 vs 1	8 vs 2	3 vs 5

9 Participants — 1 playing area
1 area cont.

5 vs 6		7 vs 9	
3 vs 4		2 vs 4	
1 vs 2		1 vs 7	
7 vs 8		2 vs 8	
4 vs 7		4 vs 5	
6 vs 9		3 vs 9	
1 vs 8		5 vs 8	
2 vs 5		3 vs 6	
8 vs 9		2 vs 9	
1 vs 5		1 vs 4	
2 vs 6		6 vs 7	
3 vs 7		4 vs 8	
4 vs 9		1 vs 3	
2 vs 7		5 vs 9	
3 vs 8		5 vs 7	
1 vs 6		2 vs 3	
3 vs 5		1 vs 9	
6 vs 8		4 vs 6	

9 Participants — 2 playing areas

#1	#2
5 vs 6	3 vs 4
1 vs 2	7 vs 8
4 vs 7	6 vs 9
1 vs 8	2 vs 5
8 vs 9	1 vs 5
2 vs 6	3 vs 7
2 vs 7	4 vs 9
3 vs 8	1 vs 6
3 vs 5	6 vs 8
7 vs 9	2 vs 4
2 vs 8	1 vs 7
4 vs 5	3 vs 9
3 vs 6	5 vs 8
2 vs 9	1 vs 4
4 vs 8	6 vs 7
1 vs 3	5 vs 9
1 vs 9	2 vs 3
5 vs 7	4 vs 6

9 Participants — 3 playing areas

#1	#2	#3
5 vs 6	3 vs 4	1 vs 2
7 vs 8	6 vs 9	2 vs 5
4 vs 7	1 vs 8	2 vs 6
8 vs 9	1 vs 5	3 vs 7
2 vs 7	4 vs 9	3 vs 8
1 vs 6	3 vs 5	7 vs 9
6 vs 8	2 vs 4	1 vs 7
2 vs 8	4 vs 5	3 vs 9
3 vs 6	5 vs 8	2 vs 9
1 vs 4	6 vs 7	5 vs 9
4 vs 8	1 vs 3	5 vs 7
1 vs 9	2 vs 3	4 vs 6

9 Participants — 4 playing areas

#1	#2	#3	#4
5 vs 6	3 vs 4	1 vs 2	7 vs 8
4 vs 7	6 vs 9	1 vs 8	2 vs 5
8 vs 9	1 vs 5	2 vs 6	3 vs 7
2 vs 7	4 vs 9	3 vs 8	1 vs 6
3 vs 5	6 vs 8	7 vs 9	2 vs 4
2 vs 8	1 vs 7	4 vs 5	3 vs 9
3 vs 6	5 vs 8	2 vs 9	1 vs 4
4 vs 8	6 vs 7	1 vs 3	5 vs 9
1 vs 9	2 vs 3	5 vs 7	4 vs 6

10 Participants — 1 playing area

1 area	1 area cont.
1 vs 2	4 vs 1
3 vs 4	5 vs 9
5 vs 6	4 vs 10
7 vs 8	7 vs 2
9 vs 10	5 vs 8
7 vs 3	6 vs 9
1 vs 6	1 vs 3
2 vs 9	6 vs 4
5 vs 10	7 vs 9
8 vs 4	1 vs 5
10 vs 1	10 vs 3
4 vs 5	2 vs 8
9 vs 8	3 vs 9
3 vs 2	8 vs 1
6 vs 7	6 vs 10
9 vs 1	2 vs 4
5 vs 3	7 vs 5
4 vs 7	8 vs 10
8 vs 6	2 vs 5
10 vs 2	9 vs 4
8 vs 3	1 vs 7
10 vs 7	3 vs 6
6 vs 2	

10 Participants — 2 playing areas

#1	#2
1 vs 2	3 vs 4
5 vs 6	7 vs 8
9 vs 10	1 vs 6
7 vs 3	2 vs 9
5 vs 10	8 vs 4
3 vs 2	6 vs 7
4 vs 5	9 vs 8
10 vs 2	5 vs 3
9 vs 1	4 vs 7
8 vs 6	10 vs 1
4 vs 1	5 vs 9
10 vs 7	8 vs 3
6 vs 2	7 vs 9
1 vs 3	5 vs 8
4 vs 10	7 vs 2
1 vs 5	6 vs 9
10 vs 3	2 vs 8
6 vs 4	7 vs 5
3 vs 9	8 vs 1
6 vs 10	2 vs 4
1 vs 7	3 vs 6
2 vs 5	9 vs 4
8 vs 10	

10 Participants — 3 playing areas

#1	#2	#3
1 vs 2	3 vs 4	5 vs 6
7 vs 8	9 vs 10	1 vs 6
2 vs 9	7 vs 3	5 vs 10
8 vs 4	10 vs 1	3 vs 2
4 vs 5	9 vs 8	6 vs 7
9 vs 1	5 vs 3	4 vs 7
8 vs 6	10 vs 2	5 vs 9
10 vs 7	6 vs 2	8 vs 3
4 vs 1	5 vs 8	7 vs 2
6 vs 9	1 vs 3	4 vs 10
1 vs 5	6 vs 4	7 vs 9
10 vs 3	2 vs 8	7 vs 5
8 vs 1	3 vs 9	6 vs 10
2 vs 4	8 vs 10	1 vs 7
2 vs 5	9 vs 4	3 vs 6

10 Participants — 4 playing areas

#1	#2	#3	#4
1 vs 2	3 vs 4	5 vs 6	7 vs 8
9 vs 10	7 vs 3	1 vs 6	8 vs 4
2 vs 9	5 vs 10	6 vs 7	8 vs 3
4 vs 5	9 vs 8	10 vs 1	3 vs 2
9 vs 1	5 vs 3	8 vs 6	4 vs 7
10 vs 2	4 vs 1	5 vs 9	3 vs 6
5 vs 8	6 vs 2	10 vs 7	1 vs 3
4 vs 10	7 vs 2	6 vs 9	1 vs 5
6 vs 4	7 vs 9	10 vs 3	2 vs 8
3 vs 9	8 vs 1	6 vs 10	2 vs 4
2 vs 5	8 vs 10	9 vs 4	1 vs 7
7 vs 5			

10 Participants — 5 playing areas

#1	#2	#3	#4	#5
1 vs 2	3 vs 4	5 vs 6	7 vs 8	9 vs 10
7 vs 3	1 vs 6	2 vs 9	5 vs 10	8 vs 4
4 vs 5	9 vs 8	10 vs 1	3 vs 2	6 vs 7
9 vs 1	5 vs 3	4 vs 7	8 vs 6	10 vs 2
10 vs 7	8 vs 2	6 vs 3	4 vs 1	5 vs 9
5 vs 8	4 vs 10	7 vs 2	6 vs 9	1 vs 3
6 vs 4	7 vs 9	1 vs 5	10 vs 3	3 vs 8
3 vs 9	8 vs 1	6 vs 10	2 vs 4	7 vs 5
8 vs 10	2 vs 5	9 vs 4	1 vs 7	2 vs 6

11 Participants — 1 playing area
1 area cont.

5 vs 6	4 vs 9
3 vs 4	5 vs 8
9 vs 10	1 vs 4
1 vs 2	6 vs 10
7 vs 8	2 vs 8
10 vs 11	3 vs 11
8 vs 9	5 vs 9
4 vs 5	11 vs 7
2 vs 3	3 vs 10
6 vs 7	1 vs 9
3 vs 5	4 vs 8
4 vs 6	2 vs 5
8 vs 10	11 vs 4
7 vs 9	1 vs 8
1 vs 11	2 vs 6
4 vs 7	10 vs 7
1 vs 5	3 vs 9
3 vs 6	2 vs 11
11 vs 8	10 vs 5
2 vs 10	3 vs 8
5 vs 7	1 vs 7
9 vs 11	6 vs 9
2 vs 4	11 vs 5
6 vs 8	3 vs 7
1 vs 3	2 vs 9
6 vs 11	1 vs 6
2 vs 7	4 vs 10
1 vs 10	

11 Participants — 2 playing areas

#1	#2
5 vs 6	3 vs 4
9 vs 10	1 vs 2
7 vs 8	4 vs 5
10 vs 11	8 vs 9
2 vs 3	6 vs 7
8 vs 10	1 vs 11
3 vs 5	4 vs 6
7 vs 9	8 vs 11
1 vs 5	3 vs 6
4 vs 7	2 vs 10
11 vs 9	6 vs 8
2 vs 4	5 vs 7
1 vs 3	11 vs 6
2 vs 7	1 vs 10
4 vs 9	5 vs 8
10 vs 6	11 vs 3
2 vs 8	1 vs 4
5 vs 9	10 vs 3
4 vs 8	7 vs 11
1 vs 9	2 vs 5
4 vs 11	1 vs 8
2 vs 6	7 vs 10
3 vs 9	1 vs 7
10 vs 5	11 vs 2
3 vs 8	6 vs 9
5 vs 11	4 vs 10
3 vs 7	2 vs 9
1 vs 6	

11 Participants — 3 playing areas

#1	#2	#3
5 vs 6	3 vs 4	9 vs 10
1 vs 2	7 vs 8	4 vs 5
10 vs 11	2 vs 3	8 vs 9
6 vs 7	11 vs 1	10 vs 8
3 vs 5	4 vs 6	7 vs 9
4 vs 7	1 vs 5	3 vs 6
11 vs 8	10 vs 2	5 vs 7
2 vs 4	11 vs 9	6 vs 8
1 vs 3	2 vs 7	4 vs 9
6 vs 11	1 vs 10	5 vs 8
2 vs 8	11 vs 3	10 vs 6
1 vs 4	5 vs 9	7 vs 11
3 vs 10	4 vs 8	1 vs 9
2 vs 5	3 vs 9	10 vs 7
4 vs 11	1 vs 8	2 vs 6
6 vs 9	11 vs 2	3 vs 8
1 vs 7	5 vs 10	2 vs 9
5 vs 11	3 vs 7	1 vs 6
4 vs 10		

11 Participants — 4 playing areas

#1	#2	#3	#4
5 vs 6	9 vs 10	3 vs 4	1 vs 2
7 vs 8	4 vs 5	10 vs 11	2 vs 3
3 vs 5	8 vs 9	6 vs 7	11 vs 1
10 vs 8	4 vs 6	1 vs 5	7 vs 9
4 vs 7	11 vs 8	10 vs 2	3 vs 6
9 vs 11	2 vs 4	5 vs 7	6 vs 8
1 vs 3	6 vs 11	4 vs 9	2 vs 7
2 vs 8	10 vs 1	11 vs 3	5 vs 9
6 vs 10	7 vs 11	2 vs 5	1 vs 4
1 vs 9	10 vs 3	4 vs 8	2 vs 6
11 vs 4	1 vs 8	7 vs 10	3 vs 9
6 vs 9	10 vs 5	3 vs 8	1 vs 7
2 vs 11	3 vs 7	4 vs 10	5 vs 8
1 vs 6	11 vs 5	2 vs 9	

11 Participants — 5 playing areas

#1	#2	#3	#4	#5
5 vs 6	3 vs 4	9 vs 10	1 vs 2	7 vs 8
10 vs 11	8 vs 9	4 vs 5	2 vs 3	6 vs 7
3 vs 5	4 vs 6	10 vs 8	7 vs 9	11 vs 1
4 vs 7	1 vs 5	3 vs 6	11 vs 8	10 vs 2
2 vs 4	9 vs 11	5 vs 7	6 vs 8	1 vs 3
10 vs 1	2 vs 7	11 vs 6	4 vs 9	5 vs 8
2 vs 8	6 vs 10	1 vs 4	3 vs 11	5 vs 9
1 vs 9	10 vs 3	11 vs 7	4 vs 8	2 vs 5
4 vs 11	1 vs 8	2 vs 6	7 vs 10	3 vs, 9
6 vs 9	1 vs 7	3 vs 8	5 vs 10	11 vs 2
3 vs 7	5 vs 11	2 vs 9	1 vs 6	10 vs 4

12 Participants — 1 playing area
1 area cont.

1 vs 2	2 vs 10
3 vs 4	4 vs 12
5 vs 6	5 vs 7
7 vs 8	1 vs 9
9 vs 10	6 vs 8
11 vs 12	3 vs 11
4 vs 5	12 vs 9
6 vs 2	10 vs 5
12 vs 3	7 vs 11
9 vs 11	4 vs 6
1 vs 7	2 vs 3
10 vs 8	8 vs 1
9 vs 3	7 vs 10
1 vs 10	4 vs 9
11 vs 4	3 vs 5
5 vs 12	8 vs 12
8 vs 2	2 vs 11
6 vs 7	6 vs 1
9 vs 2	3 vs 10
5 vs 8	8 vs 9
7 vs 12	4 vs 1
10 vs 4	2 vs 7
11 vs 6	5 vs 11
1 vs 3	12 vs 6
9 vs 7	8 vs 4
11 vs 8	7 vs 3
1 vs 5	6 vs 9
6 vs 3	11 vs 10
10 vs 12	12 vs 1
2 vs 4	5 vs 2
10 vs 6	3 vs 8
11 vs 1	7 vs 4
9 vs 5	12 vs 2

12 Participants — 2 playing areas

#1	#2
1 vs 2	3 vs 4
5 vs 6	7 vs 8
9 vs 10	11 vs 12
4 vs 5	6 vs 2
12 vs 3	9 vs 11
1 vs 7	10 vs 8
11 vs 4	5 vs 12
9 vs 3	1 vs 10
8 vs 2	6 vs 7
5 vs 8	10 vs 4
7 vs 12	9 vs 2
11 vs 6	1 vs 3
9 vs 7	1 vs 5
11 vs 8	6 vs 3
10 vs 12	2 vs 4
3 vs 8	9 vs 5
7 vs 4	12 vs 2
10 vs 6	11 vs 1
5 vs 7	4 vs 12
2 vs 10	1 vs 9
6 vs 8	3 vs 11
12 vs 9	10 vs 5
7 vs 11	4 vs 6
2 vs 3	8 vs 1
4 vs 9	7 vs 10
8 vs 12	3 vs 5
6 vs 1	2 vs 11
3 vs 10	8 vs 9
4 vs 1	2 vs 7
5 vs 11	12 vs 6
8 vs 4	7 vs 3
6 vs 9	11 vs 10
12 vs 1	5 vs 2

12 Participants — 3 playing areas

#1	#2	#3
1 vs 2	3 vs 4	5 vs 6
7 vs 8	9 vs 10	11 vs 12
9 vs 11	6 vs 2	4 vs 5
10 vs 8	12 vs 3	1 vs 7
9 vs 3	1 vs 10	11 vs 4
5 vs 12	8 vs 2	6 vs 7
10 vs 4	11 vs 6	1 vs 3
7 vs 12	5 vs 8	9 vs 2
11 vs 8	9 vs 7	1 vs 5
6 vs 3	10 vs 12	2 vs 4
10 vs 6	11 vs 1	3 vs 8
12 vs 2	7 vs 4	9 vs 5
1 vs 9	6 vs 8	3 vs 11
5 vs 7	4 vs 12	2 vs 10
12 vs 9	10 vs 5	7 vs 11
4 vs 6	2 vs 3	8 vs 1
8 vs 12	6 vs 1	2 vs 11
3 vs 5	4 vs 9	7 vs 10
8 vs 9	3 vs 10	4 vs 1
2 vs 7	5 vs 11	12 vs 6
6 vs 9	8 vs 4	7 vs 3
11 vs 10	12 vs 1	5 vs 2

12 Participants — 4 playing areas

#1	#2	#3	#4
1 vs 2	3 vs 4	5 vs 6	7 vs 8
9 vs 10	11 vs 12	4 vs 5	6 vs 2
12 vs 3	9 vs 11	1 vs 7	10 vs 8
9 vs 3	1 vs 10	11 vs 4	5 vs 12
8 vs 2	6 vs 7	1 vs 3	10 vs 4
7 vs 12	5 vs 8	9 vs 2	11 vs 6
11 vs 8	9 vs 7	1 vs 5	6 vs 3
10 vs 12	2 vs 4	11 vs 1	3 vs 8
7 vs 4	10 vs 6	12 vs 2	9 vs 5
2 vs 10	5 vs 7	1 vs 9	4 vs 12
6 vs 8	3 vs 11	10 vs 5	12 vs 1
12 vs 9	4 vs 6	2 vs 3	8 vs 1
6 vs 1	2 vs 11	8 vs 12	3 vs 5
4 vs 9	7 vs 10	5 vs 11	12 vs 6
3 vs 10	8 vs 9	4 vs 1	2 vs 7
8 vs 4	7 vs 3	6 vs 9	11 vs 10
7 vs 11	5 vs 2		

12 Participants — 5 playing areas

#1	#2	#3	#4	#5
1 vs 2	3 vs 4	5 vs 6	7 vs 8	9 vs 10
11 vs 12	8 vs 9	4 vs 5	2 vs 3	6 vs 7
3 vs 5	10 vs 11	1 vs 12	7 vs 9	4 vs 6
4 vs 7	3 vs 6	8 vs 10	1 vs 11	2 vs 12
1 vs 5	2 vs 10	9 vs 12	3 vs 7	8 vs 11
6 vs 8	10 vs 12	1 vs 3	11 vs 9	2 vs 4
5 vs 7	4 vs 9	11 vs 6	12 vs 3	10 vs 1
6 vs 10	2 vs 7	1 vs 4	5 vs 8	11 vs 3
2 vs 8	5 vs 9	12 vs 7	10 vs 3	11 vs 4
12 vs 6	4 vs 8	2 vs 5	7 vs 11	1 vs 9
1 vs 8	2 vs 6	3 vs 9	12 vs 5	10 vs 7
11 vs 2	1 vs 7	4 vs 12	6 vs 9	3 vs 8
4 vs 10	8 vs 12	1 vs 6	2 vs 9	5 vs 11
5 vs 10				

12 Participants — 6 playing areas

#1	#2	#3	#4	#5	#6
1 vs 2	3 vs 4	5 vs 6	7 vs 8	9 vs 10	11 vs 12
4 vs 5	6 vs 2	12 vs 3	9 vs 11	1 vs 7	10 vs 8
9 vs 3	1 vs 10	11 vs 4	5 vs 12	8 vs 2	6 vs 7
7 vs 12	5 vs 8	9 vs 2	10 vs 4	11 vs 6	1 vs 3
11 vs 8	9 vs 7	1 vs 5	6 vs 3	10 vs 12	2 vs 4
10 vs 6	11 vs 1	3 vs 8	12 vs 2	7 vs 4	9 vs 5
5 vs 7	4 vs 12	2 vs 10	1 vs 9	6 vs 8	3 vs 11
12 vs 9	10 vs 5	7 vs 11	4 vs 6	2 vs 3	8 vs 1
6 vs 1	2 vs 11	8 vs 12	3 vs 5	4 vs 9	7 vs 10
3 vs 10	8 vs 9	4 vs 1	2 vs 7	5 vs 11	12 vs 6
8 vs 4	7 vs 3	6 vs 9	11 vs 10	12 vs 1	5 vs 2

13 Participants — 1 playing area
1 area cont.

1	vs	2	11	vs	3
3	vs	4	13	vs	5
5	vs	6	10	vs	4
7	vs	8	1	vs	3
9	vs	10	2	vs	6
11	vs	12	8	vs	10
13	vs	10	7	vs	9
6	vs	9	11	vs	13
8	vs	11	4	vs	5
1	vs	12	6	vs	7
4	vs	7	11	vs	5
2	vs	5	13	vs	3
1	vs	6	2	vs	10
4	vs	13	1	vs	9
3	vs	8	12	vs	8
2	vs	11	11	vs	7
12	vs	7	3	vs	5
5	vs	10	10	vs	12
4	vs	9	4	vs	6
6	vs	11	2	vs	8
8	vs	13	13	vs	9
1	vs	10	2	vs	4
12	vs	3	1	vs	11
2	vs	7	6	vs	10
13	vs	6	5	vs	9
4	vs	11	12	vs	13
2	vs	9	3	vs	7
5	vs	12	6	vs	8
1	vs	8	5	vs	7
10	vs	3	4	vs	12
5	vs	8	10	vs	11
2	vs	13	3	vs	9
3	vs	6	13	vs	1
7	vs	10	6	vs	12
9	vs	12	4	vs	8
1	vs	4	7	vs	13
8	vs	9	2	vs	3
12	vs	2	11	vs	9
1	vs	7	1	vs	5

13 Participants — 2 playing areas

#1			#2		
1	vs	2	3	vs	4
5	vs	6	7	vs	8
9	vs	10	11	vs	12
8	vs	11	10	vs	13
12	vs	1	6	vs	9
4	vs	7	2	vs	5
11	vs	2	3	vs	8
10	vs	5	7	vs	12
4	vs	13	1	vs	6
2	vs	7	12	vs	3
1	vs	10	8	vs	13
6	vs	11	4	vs	9
3	vs	10	1	vs	8
12	vs	5	11	vs	4
2	vs	9	6	vs	13
5	vs	8	10	vs	7
3	vs	6	9	vs	12
2	vs	13	1	vs	4
11	vs	3	8	vs	9
2	vs	12	1	vs	7
5	vs	13	10	vs	4
1	vs	3	2	vs	6
10	vs	8	7	vs	9
11	vs	13	4	vs	5
6	vs	7	2	vs	10
1	vs	9	12	vs	8
5	vs	11	3	vs	13
2	vs	8	4	vs	6
3	vs	5	11	vs	7
9	vs	13	10	vs	12
11	vs	1	2	vs	4
5	vs	9	12	vs	13
3	vs	7	6	vs	10
1	vs	13	4	vs	12
6	vs	8	5	vs	7
3	vs	9	10	vs	11
12	vs	6	4	vs	8
1	vs	5	7	vs	13
2	vs	3	9	vs	11

13 Participants — 3 playing areas

#1			#2			#3		
1	vs	2	3	vs	4	5	vs	6
7	vs	8	9	vs	10	11	vs	12
1	vs	12	8	vs	11	10	vs	13
6	vs	9	4	vs	7	2	vs	5
10	vs	5	11	vs	2	12	vs	7
3	vs	8	4	vs	13	1	vs	6
4	vs	9	6	vs	11	13	vs	8
10	vs	1	12	vs	3	2	vs	7
6	vs	13	2	vs	9	4	vs	11
5	vs	12	1	vs	8	10	vs	3
3	vs	6	7	vs	10	5	vs	8
13	vs	2	12	vs	9	1	vs	4
8	vs	9	1	vs	7	2	vs	12
11	vs	3	5	vs	13	4	vs	10
10	vs	8	1	vs	3	2	vs	6
7	vs	9	11	vs	13	4	vs	5
5	vs	11	6	vs	7	13	vs	3
2	vs	10	1	vs	9	8	vs	12
11	vs	7	12	vs	10	3	vs	5
4	vs	6	2	vs	8	13	vs	9
5	vs	9	12	vs	13	2	vs	4
11	vs	1	10	vs	6	3	vs	7
3	vs	9	13	vs	1	10	vs	11
4	vs	12	5	vs	7	6	vs	8
1	vs	5	12	vs	6	4	vs	8
13	vs	7	2	vs	3	11	vs	9

13 Participants — 4 playing areas

#1		#2		#3		#4	
1 vs	2	3 vs	4	5 vs	6	7 vs	8
9 vs	10	11 vs	12	4 vs	7	6 vs	9
8 vs	11	10 vs	13	1 vs	12	2 vs	5
1 vs	6	3 vs	8	4 vs	13	11 vs	2
10 vs	5	12 vs	7	6 vs	11	4 vs	9
13 vs	8	10 vs	1	12 vs	3	2 vs	7
2 vs	9	6 vs	13	4 vs	11	5 vs	12
1 vs	8	10 vs	3	13 vs	2	12 vs	9
3 vs	6	5 vs	8	7 vs	10	1 vs	4
2 vs	12	1 vs	7	8 vs	9	11 vs	3
5 vs	13	4 vs	10	1 vs	3	2 vs	6
10 vs	8	7 vs	9	11 vs	13	4 vs	5
6 va	7	5 vs	11	2 vs	10	13 vs	3
1 vs	9	8 vs	12	11 vs	7	4 vs	6
12 vs	10	3 vs	5	2 vs	8	13 vs	9
5 vs	9	2 vs	4	12 vs	13	11 vs	1
10 vs	6	3 vs	7	13 vs	1	4 vs	12
3 vs	9	10 vs	11	5 vs	7	6 vs	8
12 vs	6	4 vs	8	2 vs	3	11 vs	9
1 vs	5	7 vs	13				

13 Participants — 5 playing areas

#1		#2		#3		#4		#5	
1 vs	2	3 vs	4	5 vs	6	7 vs	8	9 vs	10
11 vs	12	10 vs	13	2 vs	3	6 vs	9	4 vs	7
2 vs	5	8 vs	11	4 vs	13	12 vs	7	1 vs	6
11 vs	2	10 vs	5	3 vs	8	4 vs	9	6 vs	13
6 vs	11	13 vs	8	10 vs	1	12 vs	3	2 vs	7
2 vs	9	4 vs	11	5 vs	12	1 vs	8	3 vs	10
5 vs	8	3 vs	6	7 vs	10	13 vs	2	12 vs	9
1 vs	4	2 vs	12	8 vs	9	11 vs	3	5 vs	13
2 vs	6	1 vs	7	4 vs	10	12 vs	8	11 vs	13
1 vs	3	10 vs	8	7 vs	9	13 vs	12	4 vs	5
6 vs	7	5 vs	11	3 vs	13	2 vs	10	1 vs	9
10 vs	12	7 vs	13	2 vs	8	3 vs	5	11 vs	9
13 vs	9	1 vs	11	10 vs	6	2 vs	4	3 vs	7
10 vs	11	5 vs	9	13 vs	1	6 vs	8	4 vs	12
3 vs	9	12 vs	6	4 vs	8	1 vs	5	11 vs	7
1 vs	12	4 vs	6	5 vs	7				

13 Participants — 6 playing areas

#1		#2		#3		#4		#5		#6	
1 vs	2	3 vs	4	5 vs	6	7 vs	8	9 vs	10	11 vs	12
8 vs	11	10 vs	13	1 vs	12	6 vs	9	4 vs	7	2 vs	5
10 vs	5	12 vs	7	11 vs	2	3 vs	8	1 vs	6	4 vs	13
4 vs	9	6 vs	11	8 vs	13	10 vs	1	12 vs	3	2 vs	7
13 vs	6	2 vs	9	4 vs	11	5 vs	12	1 vs	8	3 vs	10
5 vs	8	3 vs	6	7 vs	10	13 vs	2	12 vs	9	1 vs	4
2 vs	12	1 vs	7	8 vs	9	11 vs	3	5 vs	13	4 vs	10
1 vs	3	10 vs	8	2 vs	6	7 vs	9	11 vs	13	4 vs	5
6 vs	7	5 vs	11	13 vs	3	2 vs	10	1 vs	9	12 vs	8
3 vs	5	10 vs	12	11 vs	7	4 vs	6	2 vs	8	13 vs	9
2 vs	4	5 vs	9	12 vs	13	1 vs	11	10 vs	6	3 vs	7
13 vs	1	10 vs	11	3 vs	9	4 vs	12	5 vs	7	6 vs	8
12 vs	6	4 vs	8	1 vs	5	7 vs	13	2 vs	3	11 vs	9

14 Participants — 1 playing area

1 area	1 area cont.
1 vs 2	5 vs 1
3 vs 4	10 vs 6
5 vs 6	3 vs 8
7 vs 8	12 vs 13
9 vs 10	11 vs 9
11 vs 12	14 vs 2
13 vs 14	7 vs 4
8 vs 5	3 vs 12
7 vs 10	11 vs 13
2 vs 11	7 vs 1
3 vs 1	6 vs 14
14 vs 4	5 vs 2
6 vs 13	9 vs 4
9 vs 12	8 vs 10
7 vs 6	4 vs 11
4 vs 2	14 vs 8
8 vs 9	6 vs 2
1 vs 12	5 vs 9
13 vs 3	10 vs 12
5 vs 14	7 vs 3
11 vs 10	1 vs 13
12 vs 4	9 vs 14
13 vs 2	4 vs 1
14 vs 7	11 vs 5
9 vs 6	8 vs 12
8 vs 11	7 vs 13
10 vs 1	2 vs 10
3 vs 5	6 vs 3
2 vs 9	10 vs 3
1 vs 14	6 vs 11
8 vs 13	12 vs 14
10 vs 5	13 vs 4
12 vs 7	2 vs 8
3 vs 11	1 vs 9
4 vs 6	5 vs 7
13 vs 10	11 vs 7
5 vs 12	2 vs 3
9 vs 3	13 vs 9
2 vs 7	14 vs 10
1 vs 6	4 vs 5
4 vs 8	12 vs 6
14 vs 11	8 vs 1
6 vs 8	3 vs 14
9 vs 7	13 vs 5
4 vs 10	12 vs 2
1 vs 11	

14 Participants — 2 playing areas

#1	#2
1 vs 2	3 vs 4
5 vs 6	7 vs 8
9 vs 10	11 vs 12
13 vs 14	8 vs 5
7 vs 10	2 vs 11
3 vs 1	14 vs 4
6 vs 13	9 vs 12
11 vs 10	5 vs 14
4 vs 2	13 vs 3
8 vs 9	1 vs 12
7 vs 6	13 vs 2
12 vs 4	14 vs 7
8 vs 11	10 vs 1
9 vs 6	3 vs 5
8 vs 13	12 vs 7
3 vs 11	4 vs 6
10 vs 5	2 vs 9
1 vs 14	13 vs 10
5 vs 12	9 vs 3
2 vs 7	1 vs 6
4 vs 8	14 vs 11
12 vs 2	13 vs 5
3 vs 14	1 vs 11
4 vs 10	7 vs 9
6 vs 8	5 vs 1
12 vs 13	11 vs 9
14 vs 2	7 vs 4
10 vs 6	3 vs 8
11 vs 13	5 vs 2
3 vs 12	7 vs 1
6 vs 14	9 vs 4
10 vs 8	1 vs 13
7 vs 3	10 vs 12
5 vs 9	6 vs 2
14 vs 8	4 vs 11
6 vs 3	2 vs 10
8 vs 12	7 vs 13
4 vs 1	11 vs 5
9 vs 14	10 vs 3
6 vs 11	12 vs 14
13 vs 4	2 vs 8
1 vs 9	5 vs 7
2 vs 3	14 vs 10
4 vs 5	12 vs 6
8 vs 1	13 vs 9
11 vs 7	

14 Participants — 3 playing areas

#1	#2	#3
1 vs 2	3 vs 4	5 vs 6
7 vs 8	9 vs 10	11 vs 12
13 vs 14	8 vs 5	7 vs 10
2 vs 11	3 vs 1	14 vs 4
6 vs 13	9 vs 12	4 vs 2
1 vs 12	7 vs 6	8 vs 9
13 vs 3	5 vs 14	11 vs 10
12 vs 4	13 vs 2	14 vs 7
9 vs 6	8 vs 11	10 vs 1
3 vs 5	2 vs 9	1 vs 14
8 vs 13	10 vs 5	12 vs 7
3 vs 11	4 vs 6	13 vs 10
5 vs 12	9 vs 3	2 vs 7
1 vs 6	4 vs 8	14 vs 11
9 vs 7	1 vs 11	4 vs 10
3 vs 14	13 vs 5	6 vs 8
12 vs 2	10 vs 6	5 vs 1
3 vs 8	12 vs 13	11 vs 9
14 vs 2	7 vs 4	3 vs 12
11 vs 13	6 vs 14	7 vs 1
5 vs 2	9 vs 4	10 vs 8
4 vs 11	14 vs 8	6 vs 2
5 vs 9	10 vs 12	7 vs 3
1 vs 13	9 vs 14	4 vs 1
11 vs 5	8 vs 12	7 vs 13
2 vs 10	6 vs 3	12 vs 14
5 vs 7	1 vs 9	2 vs 8
13 vs 4	6 vs 11	10 vs 3
11 vs 7	2 vs 3	13 vs 9
14 vs 10	4 vs 5	12 vs 6
8 vs 1		

14 Participants — 4 playing areas

#1	#2	#3	#4
1 vs 2	3 vs 4	5 vs 6	7 vs 8
9 vs 10	11 vs 12	13 vs 14	4 vs 5
8 vs 5	7 vs 10	3 vs 1	14 vs 4
6 vs 13	9 vs 12	4 vs 2	11 vs 10
1 vs 12	7 vs 6	8 vs 9	13 vs 3
5 vs 14	12 vs 4	13 vs 2	9 vs 6
8 vs 11	14 vs 7	10 vs 1	3 vs 5
2 vs 9	8 vs 13	12 vs 7	10 vs 5
1 vs 14	3 vs 11	4 vs 6	13 vs 10
5 vs 12	2 vs 7	9 vs 3	1 vs 6
4 vs 8	14 vs 11	13 vs 5	9 vs 7
1 vs 11	6 vs 8	4 vs 10	3 vs 14
12 vs 2	5 vs 1	3 vs 8	10 vs 6
11 vs 9	12 vs 13	14 vs 2	7 vs 4
7 vs 1	6 vs 14	11 vs 13	3 vs 12
5 vs 2	9 vs 4	10 vs 8	7 vs 3
4 vs 11	6 vs 2	14 vs 8	5 vs 9
10 vs 12	1 vs 13	11 vs 5	4 vs 1
9 vs 14	8 vs 12	7 vs 13	2 vs 10
6 vs 3	1 vs 9	12 vs 14	13 vs 4
2 vs 8	10 vs 3	6 vs 11	5 vs 7
11 vs 7	13 vs 9	2 vs 3	14 vs 10
2 vs 11	12 vs 6	8 vs 1	

14 Participants — 5 playing areas

#1	#2	#3	#4	#5
1 vs 2	3 vs 4	5 vs 6	7 vs 8	9 vs 10
11 vs 12	13 vs 14	7 vs 10	3 vs 1	8 vs 5
14 vs 4	2 vs 11	6 vs 13	9 vs 12	10 vs 1
7 vs 6	8 vs 9	1 vs 12	4 vs 2	13 vs 3
5 vs 14	11 vs 10	13 vs 2	12 vs 4	9 vs 6
8 vs 11	3 vs 5	1 vs 14	2 vs 9	12 vs 7
10 vs 5	8 vs 13	3 vs 11	4 vs 6	2 vs 7
9 vs 3	5 vs 12	13 vs 10	14 vs 11	1 vs 6
4 vs 8	9 vs 7	1 vs 11	4 vs 10	3 vs 14
13 vs 5	6 vs 8	12 vs 2	11 vs 9	7 vs 4
10 vs 6	5 vs 1	3 vs 8	12 vs 13	14 vs 2
14 vs 7	3 vs 12	11 vs 13	5 vs 2	9 vs 4
4 vs 11	7 vs 1	6 vs 14	10 vs 8	5 vs 9
6 vs 2	14 vs 8	10 vs 12	7 vs 3	1 vs 13
9 vs 14	4 vs 1	11 vs 5	8 vs 12	2 vs 10
7 vs 13	6 vs 3	12 vs 14	2 vs 8	1 vs 9
10 vs 3	5 vs 7	6 vs 11	13 vs 4	8 vs 1
11 vs 7	2 vs 3	13 vs 9	14 vs 10	4 vs 5
12 vs 6				

14 Participants — 6 playing areas

#1	#2	#3	#4	#5	#6
1 vs 2	3 vs 4	5 vs 6	7 vs 8	9 vs 10	11 vs 12
13 vs 14	8 vs 5	7 vs 10	2 vs 11	3 vs 1	9 vs 12
8 vs 9	14 vs 4	6 vs 13	1 vs 12	11 vs 10	2 vs 7
7 vs 6	13 vs 3	4 vs 2	5 vs 14	10 vs 1	8 vs 11
12 vs 4	14 vs 7	9 vs 6	13 vs 2	3 vs 11	10 vs 5
2 vs 9	8 vs 13	1 vs 14	12 vs 7	3 vs 5	4 vs 6
13 vs 10	5 vs 12	9 vs 3	1 vs 6	11 vs 7	4 vs 8
14 vs 11	6 vs 8	4 vs 10	9 vs 7	13 vs 5	12 vs 2
10 vs 6	1 vs 11	3 vs 14	12 vs 13	7 vs 4	5 vs 2
5 vs 1	3 vs 8	11 vs 9	14 vs 2	10 vs 12	7 vs 13
3 vs 12	11 vs 13	7 vs 1	6 vs 14	9 vs 4	10 vs 8
4 vs 11	14 vs 8	6 vs 2	5 vs 9	7 vs 3	1 vs 13
9 vs 14	4 vs 1	11 vs 5	8 vs 12	2 vs 10	6 vs 3
10 vs 3	6 vs 11	12 vs 14	13 vs 4	2 vs 8	1 vs 9
5 vs 7	2 vs 3	13 vs 9	14 vs 10	12 vs 6	8 vs 1
4 vs 5					

14 Participants — 7 playing areas

#1	#2	#3	#4	#5	#6	#7
1 vs 2	3 vs 4	5 vs 6	7 vs 8	9 vs 10	11 vs 12	13 vs 14
8 vs 5	7 vs 10	2 vs 11	3 vs 1	14 vs 4	6 vs 13	9 vs 12
7 vs 6	8 vs 9	1 vs 12	4 vs 2	13 vs 3	5 vs 14	11 vs 10
12 vs 4	13 vs 2	14 vs 7	9 vs 6	8 vs 11	10 vs 1	3 vs 5
2 vs 9	1 vs 14	8 vs 13	10 vs 5	12 vs 7	3 vs 11	4 vs 6
13 vs 10	5 vs 12	9 vs 3	2 vs 7	1 vs 6	4 vs 8	14 vs 11
6 vs 8	9 vs 7	4 vs 10	1 vs 11	3 vs 14	13 vs 5	12 vs 2
5 vs 1	10 vs 6	3 vs 8	12 vs 13	11 vs 9	14 vs 2	7 vs 4
3 vs 12	11 vs 13	7 vs 1	6 vs 14	5 vs 2	9 vs 4	10 vs 8
4 vs 11	14 vs 8	6 vs 2	5 vs 9	10 vs 12	7 vs 3	1 vs 13
9 vs 14	4 vs 1	11 vs 5	8 vs 12	7 vs 13	2 vs 10	6 vs 3
10 vs 3	6 vs 11	12 vs 14	13 vs 4	2 vs 8	1 vs 9	5 vs 7
11 vs 7	2 vs 3	13 vs 9	14 vs 10	4 vs 5	12 vs 6	8 vs 1

15 Participants — 1 playing area

1 area		1 area cont.	
1 vs 2		9 vs 12	
3 vs 4		3 vs 6	
5 vs 6		7 vs 10	
7 vs 8		4 vs 5	
9 vs 10		12 vs 13	
11 vs 12		10 vs 11	
13 vs 14		8 vs 9	
12 vs 15		2 vs 3	
10 vs 13		6 vs 7	
11 vs 8		14 vs 15	
6 vs 9		4 vs 9	
4 vs 7		2 vs 7	
1 vs 3		3 vs 5	
2 vs 5		10 vs 15	
4 vs 11		1 vs 14	
8 vs 15		8 vs 13	
6 vs 13		6 vs 11	
12 vs 14		3 vs 9	
3 vs 7		4 vs 13	
1 vs 5		2 vs 11	
2 vs 9		5 vs 7	
8 vs 14		15 vs 6	
4 vs 15		10 vs 14	
2 vs 13		12 vs 1	
1 vs 7		13 vs 3	
11 vs 3		5 vs 11	
5 vs 9		15 vs 2	
10 vs 12		8 vs 12	
13 vs 5		1 vs 10	
7 vs 11		14 vs 6	
14 vs 4		7 vs 9	
3 vs 15		13 vs 7	
1 vs 9		15 vs 5	
8 vs 10		1 vs 8	
12 vs 6		4 vs 12	
11 vs 1		14 vs 2	
7 vs 15		9 vs 11	
6 vs 8		6 vs 10	
4 vs 10		14 vs 5	
13 vs 9		1 vs 6	
12 vs 2		9 vs 15	
3 vs 14		11 vs 13	
2 vs 8		2 vs 10	
11 vs 15		3 vs 12	
14 vs 7		4 vs 8	
4 vs 6		13 vs 15	
12 vs 5		9 vs 14	
13 vs 1		1 vs 4	
3 vs 10		3 vs 8	
15 vs 1		7 vs 12	
2 vs 4		5 vs 10	
5 vs 8		2 vs 6	
11 vs 14			

15 Participants — 2 playing areas

#1	#2
1 vs 2	3 vs 4
5 vs 6	7 vs 8
9 vs 10	11 vs 12
13 vs 14	4 vs 7
1 vs 3	2 vs 5
12 vs 15	10 vs 13
11 vs 8	6 vs 9
3 vs 7	1 vs 5
6 vs 13	12 vs 14
8 vs 15	4 vs 11
2 vs 9	1 vs 7
11 vs 3	10 vs 12
8 vs 14	5 vs 9
4 vs 15	2 vs 13
12 vs 6	8 vs 10
1 vs 9	3 vs 15
14 vs 4	7 vs 11
13 vs 5	6 vs 8
11 vs 1	7 vs 15
4 vs 10	13 vs 9
12 vs 2	3 vs 14
11 vs 15	4 vs 6
14 vs 7	2 vs 8
12 vs 5	13 vs 1
3 vs 10	3 vs 6
11 vs 14	5 vs 8
2 vs 4	15 vs 1
7 vs 10	9 vs 12
14 vs 15	2 vs 3
8 vs 9	6 vs 7
10 vs 11	12 vs 13
4 vs 5	1 vs 14
2 vs 7	10 vs 15
8 vs 13	6 vs 11
4 vs 9	3 vs 5
12 vs 1	10 vs 14
6 vs 15	5 vs 7
4 vs 13	2 vs 11
3 vs 9	8 vs 12
1 vs 10	5 vs 11
2 vs 15	14 vs 6
7 vs 9	13 vs 3
6 vs 10	4 vs 12
14 vs 2	9 vs 11
1 vs 8	5 vs 15
13 vs 7	3 vs 12
2 vs 10	11 vs 13
4 vs 8	9 vs 15
1 vs 6	5 vs 14
13 vs 15	3 vs 8
9 vs 14	1 vs 4
7 vs 12	5 vs 10
2 vs 6	

15 Participants — 3 playing areas

#1	#2	#3
1 vs 2	3 vs 4	5 vs 6
7 vs 8	9 vs 10	11 vs 12
13 vs 14	12 vs 15	11 vs 8
4 vs 7	6 vs 9	10 vs 13
1 vs 3	2 vs 5	4 vs 11
8 vs 15	6 vs 13	12 vs 14
3 vs 7	1 vs 5	2 vs 9
2 vs 13	8 vs 14	4 vs 15
5 vs 9	11 vs 3	1 vs 7
10 vs 12	13 vs 5	7 vs 11
14 vs 4	3 vs 15	1 vs 9
11 vs 1	8 vs 10	12 vs 6
7 vs 15	13 vs 9	3 vs 14
6 vs 8	12 vs 2	4 vs 10
13 vs 1	11 vs 15	14 vs 7
5 vs 12	4 vs 6	2 vs 8
3 vs 10	11 vs 14	1 vs 15
2 vs 4	5 vs 8	9 vs 12
14 vs 15	7 vs 10	3 vs 6
8 vs 9	12 vs 13	4 vs 5
6 vs 7	2 vs 3	10 vs 11
1 vs 14	4 vs 9	8 vs 13
3 vs 5	10 vs 15	2 vs 7
6 vs 11	12 vs 1	4 vs 13
3 vs 9	6 vs 15	10 vs 14
5 vs 7	2 vs 11	8 vs 12
2 vs 15	1 vs 10	13 vs 3
7 vs 9	14 vs 6	5 vs 11
6 vs 10	4 vs 12	1 vs 8
14 vs 2	9 vs 11	13 vs 7
5 vs 15	4 vs 8	3 vs 12
11 vs 13	2 vs 10	9 vs 15
1 vs 6	14 vs 5	7 vs 12
3 vs 8	13 vs 15	1 vs 4
9 vs 14	2 vs 6	5 vs 10

15 Participants — 4 playing areas

#1	#2	#3	#4
1 vs 2	3 vs 4	5 vs 6	7 vs 8
9 vs 10	11 vs 12	13 vs 14	4 vs 15
4 vs 7	2 vs 5	1 vs 3	6 vs 9
11 vs 8	10 vs 13	12 vs 15	1 vs 5
2 vs 9	3 vs 7	6 vs 13	12 vs 14
8 vs 15	4 vs 11	10 vs 12	5 vs 9
11 vs 3	1 vs 7	2 vs 13	8 vs 14
12 vs 6	8 vs 10	1 vs 9	3 vs 15
14 vs 4	7 vs 11	13 vs 5	12 vs 2
6 vs 8	13 vs 9	4 vs 10	3 vs 14
7 vs 15	2 vs 8	11 vs 1	4 vs 6
13 vs 1	11 vs 15	14 vs 7	12 vs 5
3 vs 10	5 vs 8	2 vs 4	1 vs 15
11 vs 14	9 vs 12	3 vs 6	7 vs 10
4 vs 5	2 vs 3	10 vs 11	12 vs 13
8 vs 9	6 vs 7	14 vs 15	3 vs 5
1 vs 14	10 vs 15	2 vs 7	4 vs 9
8 vs 13	6 vs 11	3 vs 9	5 vs 7
2 vs 11	4 vs 13	6 vs 15	10 vs 14
12 vs 1	7 vs 9	14 vs 6	2 vs 15
5 vs 11	1 vs 10	8 vs 12	13 vs 3
6 vs 10	9 vs 11	14 vs 2	4 vs 12
1 vs 8	5 vs 15	13 vs 7	2 vs 10
9 vs 15	11 vs 13	1 vs 6	14 vs 5
3 vs 12	4 vs 8	13 vs 15	2 vs 6
9 vs 14	7 vs 12	1 vs 4	3 vs 8
5 vs 10			

15 Participants — 5 playing areas

#1	#2	#3	#4	#5
1 vs 2	3 vs 4	5 vs 6	7 vs 8	9 vs 10
11 vs 12	13 vs 14	4 vs 7	6 vs 9	1 vs 3
3 vs 7	12 vs 15	8 vs 11	10 vs 13	2 vs 5
6 vs 13	1 vs 5	12 vs 14	4 vs 11	8 vs 15
2 vs 9	8 vs 14	4 vs 15	1 vs 7	11 vs 3
10 vs 12	5 vs 9	2 vs 13	14 vs 4	7 vs 11
13 vs 5	8 vs 10	1 vs 9	3 vs 15	12 vs 6
11 vs 1	7 vs 15	3 vs 14	13 vs 9	6 vs 8
14 vs 7	13 vs 1	4 vs 10	12 vs 2	11 vs 15
5 vs 12	4 vs 6	2 vs 8	11 vs 14	3 vs 10
1 vs 15	5 vs 8	7 vs 10	2 vs 4	9 vs 12
3 vs 6	14 vs 15	12 vs 13	8 vs 9	4 vs 5
10 vs 11	6 vs 7	2 vs 3	4 vs 9	1 vs 14
8 vs 13	3 vs 5	15 vs 10	2 vs 7	6 vs 11
3 vs 9	6 vs 15	12 vs 1	10 vs 14	4 vs 13
1 vs 10	2 vs 11	3 vs 13	5 vs 7	8 vs 12
2 vs 15	7 vs 9	14 vs 6	4 vs 12	5 vs 11
9 vs 11	6 vs 10	1 vs 8	14 vs 2	13 vs 7
2 vs 10	11 vs 13	3 vs 12	5 vs 15	4 vs 8
7 vs 12	14 vs 5	9 vs 15	3 vs 8	1 vs 6
13 vs 15	1 vs 4	2 vs 6	9 vs 14	5 vs 10

15 Participants — 6 playing areas

#1	#2	#3	#4	#5	#6
1 vs 2	3 vs 4	5 vs 6	7 vs 8	9 vs 10	11 vs 12
4 vs 14	13 vs 1	11 vs 7	10 vs 5	6 vs 15	8 vs 3
15 vs 10	11 vs 3	4 vs 12	1 vs 6	5 vs 2	13 vs 14
13 vs 12	8 vs 14	1 vs 10	15 vs 2	7 vs 4	6 vs 9
6 vs 3	7 vs 13	5 vs 1	14 vs 11	12 vs 8	15 vs 4
8 vs 5	2 vs 12	3 vs 13	4 vs 1	10 vs 7	9 vs 11
2 vs 7	15 vs 8	6 vs 14	5 vs 11	9 vs 13	10 vs 3
15 vs 11	4 vs 9	12 vs 6	8 vs 1	10 vs 14	3 vs 2
8 vs 9	10 vs 12	2 vs 14	5 vs 13	11 vs 1	6 vs 7
5 vs 4	15 vs 13	11 vs 8	1 vs 14	6 vs 10	12 vs 9
12 vs 1	14 vs 9	4 vs 13	7 vs 5	15 vs 3	10 vs 8
11 vs 6	3 vs 5	7 vs 15	8 vs 6	9 vs 1	2 vs 4
5 vs 15	13 vs 2	8 vs 4	7 vs 3	11 vs 10	14 vs 12
2 vs 6	4 vs 11	9 vs 15	14 vs 7	3 vs 12	13 vs 8
12 vs 7	14 vs 3	9 vs 2	1 vs 15	6 vs 13	4 vs 10
14 vs 15	1 vs 7	13 vs 10	4 vs 6	8 vs 2	5 vs 9
3 vs 1	12 vs 15	9 vs 7	11 vs 13	14 vs 5	10 vs 2
12 vs 5	3 vs 9	2 vs 11			

15 Participants — 7 playing areas

#1	#2	#3	#4	#5	#6	#7
1 vs 2	3 vs 4	5 vs 6	7 vs 8	9 vs 10	11 vs 12	13 vs 14
13 vs 12	6 vs 15	8 vs 3	10 vs 5	11 vs 7	9 vs 2	4 vs 14
8 vs 14	15 vs 10	11 vs 3	5 vs 2	7 vs 13	4 vs 12	1 vs 6
7 vs 4	1 vs 10	14 vs 11	15 vs 2	3 vs 13	6 vs 9	12 vs 8
8 vs 5	2 vs 12	13 vs 1	15 vs 4	6 vs 3	10 vs 7	9 vs 11
10 vs 3	9 vs 13	4 vs 1	6 vs 14	15 vs 8	5 vs 11	2 vs 7
15 vs 11	4 vs 9	12 vs 6	8 vs 1	10 vs 14	3 vs 2	13 vs 5
6 vs 7	11 vs 1	2 vs 14	8 vs 9	10 vs 12	5 vs 4	15 vs 13
4 vs 13	15 vs 3	11 vs 8	1 vs 14	12 vs 9	7 vs 5	6 vs 10
12 vs 1	10 vs 8	3 vs 5	2 vs 4	14 vs 9	11 vs 6	7 vs 15
11 vs 10	13 vs 2	5 vs 15	7 vs 3	8 vs 6	9 vs 1	14 vs 12
2 vs 6	4 vs 11	9 vs 15	3 vs 12	13 vs 8	14 vs 7	5 vs 1
5 vs 9	12 vs 7	6 vs 13	1 vs 15	4 vs 10	14 vs 3	8 vs 2
14 vs 15	1 vs 7	13 vs 10	12 vs 5	2 vs 11	8 vs 4	3 vs 9
14 vs 5	10 vs 2	9 vs 7	4 vs 6	3 vs 1	12 vs 15	11 vs 13

16 Participants — 1 playing area
1 area cont.
16 Participants — 2 playing areas
2 areas cont.

1 vs 2	10 vs 3	13 vs 2
3 vs 4	9 vs 13	16 vs 4
5 vs 6	12 vs 16	5 vs 15
7 vs 8	4 vs 1	11 vs 10
9 vs 10	6 vs 14	7 vs 3
11 vs 12	15 vs 8	8 vs 6
13 vs 14	5 vs 11	9 vs 1
15 vs 16	2 vs 7	14 vs 12
13 vs 12	4 vs 9	2 vs 6
8 vs 3	12 vs 6	4 vs 11
10 vs 5	8 vs 1	9 vs 15
6 vs 15	15 vs 11	3 vs 12
11 vs 7	7 vs 16	13 vs 8
9 vs 2	10 vs 14	14 vs 7
1 vs 16	3 vs 2	16 vs 10
4 vs 14	13 vs 5	5 vs 1
15 vs 10	6 vs 7	12 vs 7
11 vs 3	11 vs 1	6 vs 13
9 vs 16	2 vs 14	16 vs 11
8 vs 14	8 vs 9	5 vs 9
5 vs 2	10 vs 12	1 vs 15
7 vs 13	5 vs 4	4 vs 10
4 vs 12	15 vs 13	14 vs 3
1 vs 6	16 vs 3	8 vs 2
14 vs 11	11 vs 8	16 vs 6
15 vs 2	1 vs 14	1 vs 7
7 vs 4	2 vs 16	13 vs 10
1 vs 10	4 vs 13	14 vs 15
3 vs 13	15 vs 3	12 vs 5
16 vs 5	12 vs 9	2 vs 11
6 vs 9	7 vs 5	8 vs 4
12 vs 8	6 vs 10	3 vs 9
9 vs 11	7 vs 15	14 vs 5
10 vs 7	11 vs 6	10 vs 2
6 vs 3	13 vs 16	16 vs 8
15 vs 4	14 vs 9	9 vs 7
14 vs 16	2 vs 4	4 vs 6
13 vs 1	3 vs 5	3 vs 1
2 vs 12	10 vs 8	12 vs 15
8 vs 5	12 vs 1	11 vs 13

#1	#2	#1	#2
1 vs 2	3 vs 4	6 vs 7	11 vs 1
5 vs 6	7 vs 8	15 vs 13	16 vs 3
9 vs 10	11 vs 12	7 vs 5	6 vs 10
13 vs 14	15 vs 16	2 vs 16	12 vs 9
8 vs 3	10 vs 5	11 vs 8	1 vs 14
11 vs 7	9 vs 2	4 vs 13	15 vs 3
13 vs 12	6 vs 15	12 vs 1	10 vs 8
1 vs 16	4 vs 14	3 vs 5	2 vs 4
15 vs 10	11 vs 3	14 vs 9	13 vs 16
5 vs 2	7 vs 13	11 vs 6	7 vs 15
9 vs 16	8 vs 14	14 vs 12	9 vs 1
4 vs 12	1 vs 6	7 vs 3	8 vs 6
14 vs 11	15 vs 2	16 vs 4	5 vs 15
3 vs 13	16 vs 5	11 vs 10	13 vs 2
7 vs 4	1 vs 10	9 vs 15	3 vs 12
6 vs 9	12 vs 8	13 vs 8	14 vs 7
13 vs 1	14 vs 16	16 vs 10	5 vs 1
15 vs 4	6 vs 3	2 vs 6	4 vs 11
8 vs 5	2 vs 12	5 vs 9	12 vs 7
10 vs 7	9 vs 11	6 vs 13	16 vs 11
12 vs 16	4 vs 1	1 vs 15	4 vs 10
6 vs 14	15 vs 8	14 vs 3	8 vs 2
10 vs 3	9 vs 13	1 vs 7	13 vs 10
5 vs 11	2 vs 7	12 vs 5	2 vs 11
3 vs 2	13 vs 5	8 vs 4	3 vs 9
8 vs 1	10 vs 14	14 vs 15	16 vs 6
4 vs 9	12 vs 6	12 vs 15	11 vs 13
15 vs 11	7 vs 16	4 vs 6	3 vs 1
2 vs 14	8 vs 9	10 vs 2	9 vs 7
10 vs 12	5 vs 4	16 vs 8	14 vs 5

16 Participants — 3 playing areas

#1	#2	#3
1 vs 2	3 vs 4	5 vs 6
7 vs 8	9 vs 10	11 vs 12
13 vs 14	15 vs 16	8 vs 3
10 vs 5	11 vs 7	9 vs 2
1 vs 16	4 vs 14	13 vs 12
6 vs 15	9 vs 16	8 vs 14
11 vs 3	5 vs 2	7 vs 13
4 vs 12	1 vs 6	15 vs 10
16 vs 5	14 vs 11	3 vs 13
6 vs 9	12 vs 8	15 vs 2
7 vs 4	1 vs 10	14 vs 16
13 vs 1	6 vs 3	8 vs 5
2 vs 12	15 vs 4	10 vs 7
9 vs 11	10 vs 3	6 vs 14
4 vs 1	12 vs 16	9 vs 13
15 vs 8	5 vs 11	2 vs 7
4 vs 9	8 vs 1	12 vs 6
10 vs 14	3 vs 2	13 vs 5
15 vs 11	7 vs 16	8 vs 9
5 vs 4	10 vs 12	15 vs 13
16 vs 3	11 vs 1	6 vs 7
12 vs 9	4 vs 13	2 vs 14
7 vs 5	6 vs 10	15 vs 3
11 vs 8	1 vs 14	2 vs 16
12 vs 1	10 vs 8	3 vs 5
2 vs 4	14 vs 9	13 vs 16
11 vs 6	7 vs 15	9 vs 1
14 vs 12	8 vs 6	7 vs 3
15 vs 5	16 vs 4	13 vs 2
11 vs 10	3 vs 12	14 vs 7
13 vs 8	2 vs 6	5 vs 1
16 vs 10	9 vs 15	4 vs 11
12 vs 7	6 vs 13	14 vs 3
8 vs 2	16 vs 11	5 vs 9
16 vs 6	4 vs 10	1 vs 15
2 vs 11	1 vs 7	12 vs 5
14 vs 15	3 vs 9	8 vs 4
13 vs 10	11 vs 13	12 vs 15
3 vs 1	4 vs 6	9 vs 7
10 vs 2	14 vs 5	16 vs 8

16 Participants — 4 playing areas

#1	#2	#3	#4
1 vs 2	3 vs 4	5 vs 6	7 vs 8
9 vs 10	11 vs 12	13 vs 14	15 vs 16
13 vs 12	6 vs 15	8 vs 3	10 vs 5
11 vs 7	9 vs 2	1 vs 16	4 vs 14
9 vs 16	8 vs 14	15 vs 10	11 vs 3
5 vs 2	7 vs 13	4 vs 12	1 vs 6
7 vs 4	1 vs 10	14 vs 11	15 vs 2
3 vs 13	16 vs 5	6 vs 9	12 vs 8
8 vs 5	2 vs 12	13 vs 1	14 vs 16
15 vs 4	6 vs 3	10 vs 7	9 vs 11
10 vs 3	9 vs 13	12 vs 16	4 vs 1
6 vs 14	15 vs 8	5 vs 11	2 vs 7
15 vs 11	7 vs 16	4 vs 9	12 vs 6
8 vs 1	10 vs 14	3 vs 2	13 vs 5
6 vs 7	11 vs 1	2 vs 14	8 vs 9
10 vs 12	5 vs 4	15 vs 13	16 vs 3
4 vs 13	15 vs 3	11 vs 8	1 vs 14
2 vs 16	12 vs 9	7 vs 5	6 vs 10
12 vs 1	10 vs 8	2 vs 4	3 vs 5
14 vs 9	13 vs 16	11 vs 6	7 vs 15
11 vs 10	5 vs 15	13 vs 2	16 vs 4
7 vs 3	8 vs 6	9 vs 1	14 vs 12
2 vs 6	4 vs 11	3 vs 12	9 vs 15
13 vs 8	14 vs 7	16 vs 10	5 vs 1
5 vs 9	6 vs 13	12 vs 7	16 vs 11
1 vs 15	4 vs 10	14 vs 3	8 vs 2
16 vs 6	14 vs 15	1 vs 7	13 vs 10
12 vs 5	2 vs 11	8 vs 4	3 vs 9
16 vs 8	14 vs 5	9 vs 7	10 vs 2
4 vs 6	3 vs 1	12 vs 15	11 vs 13

16 Participants — 5 playing areas

#1	#2	#3	#4	#5
1 vs 2	3 vs 4	5 vs 6	7 vs 8	9 vs 10
11 vs 12	13 vs 14	15 vs 16	10 vs 5	8 vs 3
4 vs 14	9 vs 2	11 vs 7	6 vs 15	13 vs 12
15 vs 10	1 vs 16	8 vs 14	11 vs 3	5 vs 2
7 vs 13	4 vs 12	15 vs 2	9 vs 16	1 vs 6
16 vs 5	3 vs 13	1 vs 10	7 vs 4	14 vs 11
6 vs 9	14 vs 16	12 vs 8	13 vs 1	15 vs 4
10 vs 7	8 vs 5	9 vs 11	2 vs 12	6 vs 3
12 vs 16	10 vs 3	4 vs 1	6 vs 14	9 vs 13
5 vs 11	2 vs 7	12 vs 6	15 vs 8	4 vs 9
8 vs 1	15 vs 11	10 vs 14	3 vs 2	13 vs 5
2 vs 14	8 vs 9	5 vs 4	11 vs 1	7 vs 16
6 vs 7	10 vs 12	15 vs 13	16 vs 3	11 vs 8
4 vs 13	15 vs 3	1 vs 14	12 vs 9	2 vs 16
12 vs 1	7 vs 5	2 vs 4	6 vs 10	14 vs 9
13 vs 16	11 vs 6	7 vs 15	3 vs 5	10 vs 8
11 vs 10	13 vs 2	16 vs 4	8 vs 6	5 vs 15
7 vs 3	9 vs 1	14 vs 12	4 vs 11	2 vs 6
9 vs 15	3 vs 12	13 vs 8	14 vs 7	16 vs 10
6 vs 13	16 vs 11	1 vs 15	5 vs 9	12 vs 7
5 vs 1	4 vs 10	14 vs 3	8 vs 2	16 vs 6
14 vs 15	1 vs 7	13 vs 10	12 vs 5	2 vs 11
8 vs 4	3 vs 9	14 vs 5	10 vs 2	12 vs 15
11 vs 13	16 vs 8	9 vs 7	4 vs 6	3 vs 1

16 Participants — 6 playing areas

#1	#2	#3	#4	#5	#6
1 vs 2	3 vs 4	5 vs 6	7 vs 8	9 vs 10	11 vs 12
13 vs 14	15 vs 16	8 vs 3	10 vs 5	11 vs 7	9 vs 2
11 vs 3	5 vs 2	1 vs 16	4 vs 14	13 vs 12	6 vs 15
9 vs 16	8 vs 14	15 vs 10	7 vs 13	1 vs 6	4 vs 12
7 vs 4	1 vs 10	14 vs 11	15 vs 2	3 vs 13	16 vs 5
12 vs 8	6 vs 9	13 vs 1	14 vs 16	15 vs 4	10 vs 7
9 vs 11	8 vs 5	2 vs 12	6 vs 3	7 vs 16	4 vs 1
10 vs 3	9 vs 13	6 vs 14	12 vs 16	5 vs 11	15 vs 8
2 vs 7	15 vs 11	4 vs 9	8 vs 1	12 vs 6	10 vs 14
13 vs 5	3 vs 2	11 vs 1	10 vs 12	8 vs 9	6 vs 7
11 vs 8	12 vs 9	2 vs 14	5 vs 4	15 vs 13	16 vs 3
7 vs 5	4 vs 13	15 vs 3	1 vs 14	2 vs 16	6 vs 10
12 vs 1	10 vs 8	14 vs 9	13 vs 16	3 vs 5	2 vs 4
11 vs 6	7 vs 15	13 vs 2	5 vs 14	16 vs 4	9 vs 1
8 vs 6	1 vs 15	11 vs 10	14 vs 12	5 vs 9	7 vs 3
9 vs 15	2 vs 6	3 vs 12	4 vs 11	13 vs 8	14 vs 7
16 vs 10	12 vs 7	5 vs 1	6 vs 13	14 vs 3	2 vs 11
8 vs 2	4 vs 10	16 vs 11	14 vs 15	1 vs 7	12 vs 5
12 vs 15	11 vs 13	10 vs 2	16 vs 6	3 vs 9	8 vs 4
13 vs 10	16 vs 8	15 vs 5	9 vs 7	4 vs 6	3 vs 1

16 Participants — 7 playing areas

#1	#2	#3	#4	#5	#6	#7
1 vs 2	3 vs 4	5 vs 6	7 vs 8	9 vs 10	11 vs 12	13 vs 14
13 vs 12	6 vs 15	8 vs 3	10 vs 5	11 vs 7	9 vs 2	1 vs 16
9 vs 16	8 vs 14	15 vs 10	11 vs 3	5 vs 2	7 vs 13	4 vs 12
7 vs 4	1 vs 10	14 vs 11	15 vs 2	3 vs 13	16 vs 5	6 vs 9
8 vs 5	2 vs 12	13 vs 1	14 vs 16	15 vs 4	6 vs 3	10 vs 7
10 vs 3	9 vs 13	12 vs 16	4 vs 1	6 vs 14	15 vs 8	5 vs 11
15 vs 11	7 vs 16	4 vs 9	12 vs 6	8 vs 1	10 vs 14	3 vs 2
2 vs 7	13 vs 5	12 vs 8	9 vs 11	4 vs 14	1 vs 6	15 vs 16
6 vs 7	11 vs 1	2 vs 14	8 vs 9	15 vs 13	5 vs 4	10 vs 12
4 vs 13	15 vs 3	11 vs 8	1 vs 14	2 vs 16	12 vs 9	7 vs 5
12 vs 1	10 vs 8	3 vs 5	2 vs 4	14 vs 9	13 vs 16	11 vs 6
11 vs 10	13 vs 2	16 vs 4	5 vs 15	7 vs 3	8 vs 6	9 vs 1
2 vs 6	4 vs 11	9 vs 15	3 vs 12	13 vs 8	14 vs 7	16 vs 10
5 vs 9	12 vs 7	6 vs 13	16 vs 11	1 vs 15	4 vs 10	14 vs 3
14 vs 15	16 vs 6	1 vs 7	13 vs 10	12 vs 5	2 vs 11	8 vs 4
16 vs 8	14 vs 5	10 vs 2	9 vs 7	4 vs 6	3 vs 1	12 vs 15
6 vs 10	16 vs 3	7 vs 15	14 vs 12	5 vs 1	8 vs 2	11 vs 13
3 vs 9						

16 Participants — 8 playing areas

#1	#2	#3	#4	#5	#6	#7	#8
1 vs 2	3 vs 4	5 vs 6	7 vs 8	9 vs 10	11 vs 12	13 vs 14	15 vs 16
13 vs 12	6 vs 15	8 vs 3	10 vs 5	11 vs 7	9 vs 2	1 vs 16	4 vs 14
9 vs 16	8 vs 14	15 vs 10	11 vs 3	5 vs 2	7 vs 13	4 vs 12	1 vs 6
7 vs 4	1 vs 10	14 vs 11	15 vs 2	3 vs 13	16 vs 5	6 vs 9	12 vs 8
8 vs 5	2 vs 12	13 vs 1	14 vs 16	15 vs 4	6 vs 3	10 vs 7	9 vs 11
10 vs 3	9 vs 13	12 vs 16	4 vs 1	6 vs 14	15 vs 8	5 vs 11	2 vs 7
15 vs 11	7 vs 16	4 vs 9	12 vs 6	8 vs 1	10 vs 14	3 vs 2	13 vs 5
6 vs 7	11 vs 1	2 vs 14	8 vs 9	10 vs 12	5 vs 4	15 vs 13	16 vs 3
4 vs 13	15 vs 3	11 vs 8	1 vs 14	2 vs 16	12 vs 9	7 vs 5	6 vs 10
12 vs 1	10 vs 8	3 vs 5	2 vs 4	14 vs 9	13 vs 16	11 vs 6	7 vs 15
11 vs 10	13 vs 2	16 vs 4	5 vs 15	7 vs 3	8 vs 6	9 vs 1	14 vs 12
2 vs 6	4 vs 11	9 vs 15	3 vs 12	13 vs 8	14 vs 7	16 vs 10	5 vs 1
5 vs 9	12 vs 7	6 vs 13	16 vs 11	1 vs 15	4 vs 10	14 vs 3	8 vs 2
14 vs 15	16 vs 6	1 vs 7	13 vs 10	12 vs 5	2 vs 11	8 vs 4	3 vs 9
16 vs 8	14 vs 5	10 vs 2	9 vs 7	4 vs 6	3 vs 1	12 vs 15	11 vs 13

The Author

Paul H. Gunsten, Associate Professor Emeritus, Virginia Polytechnic Institute and State University, Blacksburg, Virginia, formerly directed the Recreational Service Activity Programs at Virginia Tech. In 1983, he retired after 35 years teaching, coaching, and administration in Health, Physical Education, Recreation and Intramurals.

Among his numerous achievements in the recreational field are:

* President, National Intramural Recreational Sports Association, 1968, and Conference Director, 1971.

* National Intramural Sports Council, former publicity coordinator; Co-director, First Southern Regional Intramural Conference.

* American Alliance of Health, Physical Education and Recreation, contributing editor to journal; Chairman, Intramural Section, Virginia HPER, 1970-75; Convention Manager, Virginia HPER, 1976.

* Member, National Task Force to develop standards and guidelines for certification of intramural directors, 1975-76.

* Named Outstanding Director of Intramurals in the United States by the National Intramural Association, 1973, and honor award by the Virginia HPER, 1977.

84